主　编：陈　恒

光启文库

光启通识

光启随笔　　光启讲坛　　光启学术　　光启读本
光启通识　　光启译丛　　光启口述　　光启青年

主　编：陈　恒

学术支持：上海师范大学光启国际学者中心
策划统筹：鲍静静
责任编辑：秦　原

光启文库

封建社会农民战争问题导论

马克垚 著

陈恒 主编

商务印书馆
The Commercial Press

图书在版编目（CIP）数据

封建社会农民战争问题导论 / 马克垚著. —北京：商务印书馆, 2024. —（光启文库）. — ISBN 978-7-100-24135-9

Ⅰ. K107

中国国家版本馆 CIP 数据核字（2024）第 2024DC5602 号

权利保留，侵权必究。

封建社会农民战争问题导论

马克垚 著

商务印书馆出版
（北京王府井大街36号 邮政编码 100710）
商务印书馆发行
徐州绪权印刷有限公司印刷
ISBN 978-7-100-24135-9

2024年9月第1版　　开本 889×1194　1/32
2024年9月第1次印刷　印张 7¼

定价：58.00元

出版前言

梁启超在《清代学术概论》中认为,"自明徐光启、李之藻等广译算学、天文、水利诸书,为欧籍入中国之始,前清学术,颇蒙其影响"。梁任公把以徐光启(1562—1633)为代表追求"西学"的学术思潮,看作中国近代思想的开端。自徐光启以降数代学人,立足中华文化,承续学术传统,致力中西交流,展开文明互鉴,在江南地区开创出海纳百川的新局面,也遥遥开启了上海作为近现代东西交流、学术出版的中心地位。有鉴于此,我们秉承徐光启的精神遗产,发扬其经世致用、开放交流的学术理念,创设"光启文库"。

文库分光启随笔、光启学术、光启通识、光启讲坛、光启读本、光启译丛、光启口述、光启青年等系列。文库致力于构筑优秀学术人才集聚的高地、思想自由交流碰撞的平台,展示当代学术研究的成果,大力引介国外学术精品。如此,我们既可在自身文化中汲取养分,又能以高水准的海外成果丰富中华文化的内涵。

文库推重"经世致用",即注重文化的学术性和实用性,既促进学术价值的彰显,又推动现实关怀的呈现。文库以学术为第一要义,所选著作务求思想深刻、视角新颖、学养深厚;同时也注重实用,收录学术性与普及性皆佳、研究性与教学性兼顾、传承性与创新性俱备的优秀著作。以此,关注并回应重要时代议题与思想命题,推动中华文化的创造性转化与创新性发展,在与国外学术的交流对话中,努力打造和呈现具有中国特色的价值观念、思想文化及话语体系，为夯实文化软实力的根基贡献绵薄之力。

文库推动"东西交流"，即注重文化的引入与输出，促进双向的碰撞与沟通，既借鉴西方文化，也传播中国声音，并希冀在交流中催生更绚烂的精神成果。文库着力收录西方古今智慧经典和学术前沿成果，推动其在国内的译介与出版；同时也致力收录汉语世界优秀专著，促进其影响力的提升，发挥更大的文化效用；此外，还将整理汇编海内外学者具有学术性、思想性的随笔、讲演、访谈等，建构思想操练和精神对话的空间。

我们深知，无论是推动文化的经世致用，还是促进思想的东西交流，本文库所能贡献的仅为涓埃之力。但若能成为一脉细流，汇入中华文化发展与复兴的时代潮流，便正是秉承光启精神，不负历史使命之职。

文库创建伊始，事务千头万绪，未来也任重道远。本文库涵盖文学、历史、哲学、艺术、宗教、民俗等诸多人文学科，需要不同学科背景的学者通力合作。本文库综合著、译、编于一体，也需要多方助力协调。总之，文库的顺利推进绝非仅靠一己之力所能达成，实需相关机构、学者的鼎力襄助。谨此就教于大方之家，并致诚挚谢意。

清代学者阮元曾高度评价徐光启的贡献，"自利玛窦东来，得其天文数学之传者，光启为最深。……近今言甄明西学者，必称光启"。追慕先贤，知往鉴今，希望通过"光启文库"的工作，搭建东西文化会通的坚实平台，矗起当代中国学术高原的瞩目高峰，以学术的方式阐释中国、理解世界，让阅读与思索弥漫于我们的精神家园。

上海师范大学光启国际学者中心

2024 年 5 月

目 录

绪　论　　　　　　　　　　　　　　1

第一章　农民战争的背景　　　　　19
第二章　农民战争的原因　　　　　72
第三章　农民战争的过程　　　　　119
第四章　农民战争的纲领　　　　　179
第五章　农民战争的历史作用　　　207

跋　　　　　　　　　　　　　　223

绪　论

农民战争是封建社会历史中的一个大问题，在我国曾经有长久的讨论与研究，现在似乎陷于沉寂。国外的研究则方兴未艾，不断发掘新史料，提出新问题，开拓新方向。本书是想对封建社会各国农民起义和农民战争进行初步的综合比较，根据中国实际提出一些问题，以备进一步研究。同时，也是向大家征求意见，以使问题正确、明确，能够推进研究深入。

一　封建农民的经济属性

我们讨论的农民战争，是指封建社会的农民战争，所以研究农民的经济属性，也是就封建农民而言的。现在的农民学已经发展成为一门显学，有太多的理论和实证研究。[1]但我以为，农民经济构不成一个独立社会，农民经济总是和其他经济并存，所以还是将它放在具体的社会形态中认识。农民是封建社会中的主要生产者，而且占了大多数，和农民经济并存的，还有封建主（地主）经济、城市工商业经济，甚至奴隶制经济。我们知道，单个人的生产实际上是不可能存在的，封建农民的生产，只能是在封建社会内进行的生产，我们认识封建社会中的农民经济，也只能是从封建社会的特征加以认识。

封建社会中农民经济的特性，从农民学方面看，不外是两种估计、两种理论：一种就是舒尔茨等人所主张的理性小农理论，这是从古典自由主义经济学出发的，认为农民是具有理性的经济人，头脑灵活，善于精打细算，会对经济、市场做出灵活反应，追求发家致富，这样就会导向向资本主义发展。另外一种是恰亚诺夫代表的所谓实体主义学派的理论，他认为农民并非追求不断发家致富，而是追求劳动与消费之间的平衡。如果达到了这种平衡，农民就会不再追加劳动。这样就不会发展出资本主义。这两种理论具有对立的倾向，代表了对封建农民的不同认识。

经济是社会的基础。如果我们采取前面的认识，那封建社会中的农民，其生产斗争和经济斗争是有前途的，是和社会的发展联系在一起的；如果采取后面的看法，那农民的生产斗争和阶级

---

[1] 参看黄春高：《分化与突破：14—16世纪英国农民经济》，北京大学出版社，2011年，第11—55页。

斗争，就会是一种无出路的结果。

现在我们将封建农民经济看作一种二元经济，即既有谋生的特征，又有谋利的特征。谋生是农民经济的基本内容，在封建社会生产不发达，商品经济也不发达的情况下，农民的生产往往是为了满足家庭生活的需要；过去假定封建经济是一种自然经济，缺乏商品经济的成分，所以就强调农民的谋生倾向。但是我们前面已经说过，生产只能是在社会内部的生产，不能是单个人的生产，即使是封建社会，其商品经济、商品生产活动也是存在的，并且会随着生产的不断扩大而扩大。在这样的生产环境中，封建农民的生产自然就会产生谋利倾向。他的家庭消费需求会随着社会经济的发展而不断上升，他也会被卷入商品经济中，所以他就会不断向扩大自己的生产发展，向谋利的方向发展。

我们应该注意的是，封建社会下的农民经济，是和封建主经济共生的，农民的生产，不能只是满足自己家庭的需要，还要满足封建主剥削的需要。这个需要的限度，因封建主、农民阶级力量的对比，因封建国家力量的强弱，因生产力的发展变化而不断变化，所以封建社会中的农民经济如何发展，单从农民学推导出的理论可能无法说明。从实证方面看，可以说封建社会中的生产力是不断发展的，农民经济也是不断发展的，这个发展会导向哪里，不能只由农民经济决定，还要看其他方面的许多因素，只能采取具体问题具体分析的办法，来回答这个问题。马克思主义学者魏可汉曾经提出一种看法，说在西欧中世纪早期，存在着一种农民生产方式，那时地主贵族还没有控制农民，农民没有受到剥削，以家庭（家族）为单位进行生产，基本上是平等的。不过，在家族内部也存在不平等。[1] 这一说法我看只能是一种假设，似乎还不能被证明。如果农民生产方式能够成立，那么农民社会就可以构成独立的社会，农民的奋斗就应该建立自己的社会，但这在历史上没有发生。

事实上，农民作为一个阶级，是可以划分为若干阶层的。农民在经济上并不平等，有富农，有中农，也有贫穷农民，从土地占有多少来看他们的贫富程度。科斯敏斯基统计了中世纪英国中部诸郡1万多户农民的地产，其中占有超过1份地（合30英亩）者为510户，占3.5%；1份地者为3143户，占24%；1/2份地者为3448户，占26%；1/4份地者为1474户，占10%；小块土地者为4929户，占36%。[2] 中国的封建农民无论是均田制下的农民，还是宋代以后田制不立时的农民，所占有的土地都不平均。宋代土地占有者被分为主户和客户。主户分为五等，第一、二等户是地主，第三、四等户是自耕农，第五等户则是自有少量耕地，但要租种别人土地的半自耕农。客户，则大都是贫穷的租佃农民，而客户数量，往往占到农户数的一半或以上。[3]

封建农民虽然经济状况不同，法律地位不同，但是他们仍

---

1 Wickham, Ch., *Framing the Early Middle Ages: Europe and the Mediterranean 400-800* (Oxford: OUP., 2006), 536-539.

2 Kosminsky, E. A., *Studies in the Agrarian History of England in the Thirteenth Century* (Oxford Kelley & Millman, 1956), 228.

3 王曾瑜：《宋朝划分乡村五等户的财产标准》，邓广铭、程应镠主编：《宋史研究论文集》，上海古籍出版社，1982年；赵冈、陈钟毅：《中国土地制度史》，新星出版社，2006年，第148—150页。

然是一个阶级。说他们是一个阶级，是和封建主阶级对立的观点来说的。他们内部的不同，并不消解他们作为封建社会中的被剥削、被压迫阶级这一基本事实。即使是富裕农民，也往往受封建主的欺压。封建社会是一个阶级对立的社会，广大农民群众是被剥削、被压迫者，他们的辛勤劳动，是封建主阶级赖以生存的基础。我们就是从这一角度来讨论封建农民的。

但是，从世界范围看，各国家、各地区农民所处的经济、政治状况是不相同的。西欧封建时代，国家力量一度弱小，农民大都处于封建领主的统治之下，政治、经济、法律上均依附于封建主，有些农民还成为农奴。农民的农业生产实行轮作制，耕地轮流休耕，休耕时即转为牧场，所以农业和畜牧业并重，但耕作比较粗放，生产率低。东欧的农民也受封建主政治、经济、法律上的控制，它的农奴制采取了比西欧更为严酷的形式。但是，自由的农民哥萨克的存在，使其农民战争具有特点。东欧的农业生产力比西欧的还低，农村公社比西欧存在得更为持久和牢固，但对它在农民斗争中的作用研究得不够。中国的农业生产长期实行精耕细作，生产力很高，农耕和畜牧往往分地区实行，没有结合在一起。农村公社的存在与否以及其作用，还缺乏很好的研究。农民是国家的编户齐民，受国家直接控制，身份自由，所以斗争的矛头直接指向国家政权，而且往往有"取而代之"的想法。

封建时代世界范围的农民战争，这么广大的地区、长久的时间，各地历史发展，社会情况千差万别，多有不同，是否可以将其概括出一些问题加以研究呢？

好在已经有外国人做过这方面的工作。莫拉特和乌尔富1973年写成的《中世纪晚期的群众革命》[1]，论述了英国、法国、荷兰、西班牙、捷克等国的农民起义和农民战争情况；穆尼埃写有《17世纪法国、俄国、中国的农民起义》[2]一书，讨论如法国的赤脚汉（又称"扎克"）、克罗堪起义，俄国的斯杰潘·拉辛起义，中国的李自成起义等农民战争情况；斯考切波更著有《国家与社会革命》[3]，从社会学角度研究法国1789年大革命、俄国1917年社会主义革命、中国1949年的革命。他们的方法和理论我不一定同意，但是，农民作为封建社会中的一个等级，在世界各地是有共同性的，所以选择一些典型的农民起义和农民战争事件比较一下，还是一种可以进行的研究模式。

二 世界史上农民战争研究情况的回顾

20世纪五六十年代，农民战争的研究在我国十分热烈，是所谓"五朵金花"之一，学者们发表了许多文章和论著，也有一些不同意见的讨论。总的观点是歌颂农民在封建社会中进行斗争的正义性和先进性，主张农民战争是封建社会发展的动力。如

---

1 Mollat, M. and Wolff, P., *The Popular Revolutions of the Late Middle Ages* (London: George Allen & Unwin LMD, 1973).
2 Mousnier, R., *Peasant Uprisings in Seventeenth Century France, Russia and China* (N. Y.: Harper & Row, 1970).
3 斯考切波：《国家与社会革命——对法国、俄国和中国的比较分析》，何俊志等译，上海人民出版社，2007年。

何证明农民战争是封建社会发展的动力，具体落实下来就是让步政策，即每一次大的农民战争，都打击了封建统治，迫使他们对农民做出一定让步，轻徭薄赋，与民休息，这样生产得以恢复发展，社会取得了进步，农民的状况也得到了改善。这是当时的马克思主义史学家比较一致的看法。如翦伯赞说，"每一次大暴动都或多或少推动中国封建社会的发展。因为在每一次大暴动之后，新的封建统治者，为了恢复封建秩序，必须对农民作某种程度的让步，这就是说，必须或多或少减轻对农民的剥削和压迫，这样就减轻了封建生产关系对生产力的拘束，使得封建社会的生产力又有继续发展的可能，这样就推动了中国历史的前进"[1]。

范文澜在他的《中国通史简编（修订本）》第一编的绪言中也说，"农民战争打击了封建统治，迫使封建统治者不得不在政治上经济上作出些让步和改良，这样，生产力和生产关系得到某些部分的适合，社会生产力因而多少有些发展"[2]。1963年，翦伯赞在《对处理若干历史问题的初步意见》一文中，深化了他的让步政策看法，指出封建统治阶级"不是对每一次农民战争都让步，……让不让，让多少，这要决定于阶级对抗的形势，决定于农民战争带来的阶级力量的对比的变化"；又说，"农民反对封建压迫、剥削，但没有，也不可能意识到把封建当作一个制度来反对。农民反对封建地主，但没有，也不可能意识到把地主当作一

---

[1] 翦伯赞：《论中国古代的农民战争》，原载于《学习》，1951年2月，后收录于《翦伯赞史学论文选集》第三辑，人民出版社，1997年，第175页。

[2] 范文澜：《中国通史简编（修订本）》第一编，人民出版社，1965年，第31页。

个阶级来反对。农民反对封建皇帝,但没有,也不可能意识到把皇权当作一个主义来反对"。[1]

1965年9月,《光明日报·史学》发表了孙达人的文章,对让步政策说提出不同意见,认为农民战争冲破了封建网罗,根本上改变了农民和地主的关系,才使得农民获得了自由。农民战争失败后,封建主的让步政策就是重新剥夺农民的自由,重新束缚农民,所以不会有什么让步政策,没有根据说农民的历史作用非要透过让步政策不可。于是让步政策说是否正确,引起了一场学术讨论。

另外一场关于农民战争问题的讨论是李秀成的投降问题。太平天国忠王李秀成自传原稿出现后,里面有李秀成愿意归降清朝,协助清廷招安太平军余部的内容。太平天国史权威罗尔纲在《忠王李秀成自传原稿笺证》的序言中说这是李的苦肉计,他的真正意图是出去收拾旧部,重新恢复农民革命的事业,是假投降。戚本禹主张李秀成是真投降,是农民革命的叛徒。[2]于是展开讨论,罗写了长文《忠王李秀成苦肉缓兵计考》[3]申述自己的意见,戚本禹又加以反对[4]。1965年,戚本禹写了文章《为革命而研究历史》[5],标志着学术讨论向政治批判的转变。"文革"开始后,讨论也就不进行了。

---

1 《翦伯赞史学论文选集》第三辑,第60页。
2 戚本禹:《评李秀成自述——并同罗尔纲、梁岵庐、吕集义等先生商榷》,《历史研究》1963年第4期。
3 罗尔纲:《忠王李秀成苦肉缓兵计考》,《历史研究》1964年第4期。
4 戚本禹:《怎样对待李秀成的投降变节行为》,《历史研究》1964年第4期。
5 戚本禹:《为革命而研究历史》,《历史研究》1965年第6期。

打倒"四人帮"以后,农民战争的研究又复活跃,这时能够不再受过分强调"阶级斗争"的极左思潮影响,按照本来面目评价农民战争。1980年,刘昶发表文章指出,农民受封建地主的压迫剥削,不断进行起义反抗,农民的斗争可歌可泣,但每一次大型的农民起义都打断了封建化的进程,葬送了已经取得的封建化成果,使社会重新退回到封建化的起点上去。从长远的观点来看,农民战争在一定程度上阻碍了历史的进步,使中国封建社会长期延续。[1]大多数人不同意刘昶的观点,仍然主张农民战争推动了历史的前进。

20世纪90年代之后,我国的农民战争研究趋于沉寂,只偶有零散的文章。比较重要的进展是关于德国农民战争的研究,北京大学的朱孝远主持翻译了美国学者布瑞克的论著《1525年革命:对德国农民战争的新透视》[2],提出德国农民战争用神法取代古之法,体现了一种替换封建制的方案。朱孝远也著有《神法、公社和政府:德国农民战争的政治目标》[3],认为德国农民战争中有建立一个以选举制、神法和公共利益为基础的共和政府的纲领。

欧美学者关于农民起义和农民战争的研究则还在不断进行,呈现出一些新内容。首先是挖掘出不少新史料,使研究比过去更为深入。如1381年英国农民起义,过去大量采用的是当时的

---

1 刘昶:《试论中国封建社会长期延续的原因》,《历史研究》1981年第2期。
2 布瑞克:《1525年革命:对德国农民战争的新透视》,陈海珠等译,广西师范大学出版社,2008年。
3 朱孝远:《神法、公社和政府:德国农民战争的政治目标》,北京大学出版社,1994年。

编年史，后来采用了许多镇压农民起义后各地法庭的审讯记录，发现在1381年前后，各地方还有许多农民的斗争，不仅局限于肯特和埃塞克斯两郡，而且农民也有一定的组织和计划，不是一种突然行动。关于法国的1358年扎克起义，研究了一些法国王室于事后发布的诏书，证明扎克并没有像过去说的那样残杀贵族、强奸妇女，同时也还有一定的组织。其次是一些重要事件的讨论在进行。布瑞克的著作发表后，也有一些不同观点，如认为公社在当时的德国没有那么大的意义，甚至说那是一种神话。农村中上层农民和下层贫苦农民矛盾在发展，而领导1525年农民起义的，多是上层农民，他们要求发家致富，和领主发生矛盾。[1] 对于德国16世纪是否发生了封建主义危机，农民的情况是否恶化，也有不同认识。[2]

21世纪，欧美学界对农民战争的研究有了新进展。2006年，柯恩的《热爱自由：1200—1425年欧洲中世纪社会起义的政治》[3] 一书，被认为是一部具有标志性的论著。该书详细研究了中世纪欧洲的群众斗争，称之为中世纪的群众运动，它包括了城市中群众反对教皇、主教的斗争，城市行会对城市贵族表达不满的抗议，城市中学生反对城市政府的斗争，甚至还有儿童表达不满的和平

1　Sreenivasan, G. P., "The Social Origins of the Peasants' War of 1525 in Upper Swabia", *Past and Present*, no. 171 (May 2001).

2　Scott, T., "The Peasants' War: A Historiographical Review", *Historical Journal*, vol. 22, no. 3-4 (September 1979).

3　Cohn, Jr. S. K., *Lust for Liberty: The Politics of Social Revolt in Medieval Europe, 1200-1425* (Cambridge, Mass: HUP., 2006).

游行，也有农民反对政府的起义。他认为，群众争取的自由，起初是指要求恢复城市享有的特权（欧洲中世纪的"自由"一词［liberty］也有特权privilege、franchise之意），如佛罗伦萨的工人反对公爵给予漂洗工以组织行会的权利，认为这侵犯了城市织工行会的特权。也有城市商人起义，要求市政当局取消给予工人的市民权。在14世纪西欧黑死病发生后，争取自由的斗争方才有了争取给予多数人平等权利的意味，但也还保留有为团体争取权利的内容。[1]有人指出，20世纪时，研究农民起义大多从社会方面着眼，所以受马克思主义或者年鉴派影响；而21世纪的研究，则多从政治方面着眼，斗争要求多为政治目标，如改变政府结构，改良政府组织，纠正个别领导错误，保卫国土、城市或者大众福利。[2]

过去我们都强调，封建社会中农民起义、农民战争的发生，是由于剥削压迫特别严重之时农民已经无法生活，于是揭竿而起，向封建主进行反抗。中国历史上的农民起义，往往就是这么起来的。布瑞克分析1525年的德国农民战争，也认为农民状况的恶化是导致起义的原因。[3]但是，从全世界范围内看，农民起义的原因十分复杂，有多种多样的分析。例如，穆尼埃写成《17世纪法国、俄国、中国的农民起义》一书[4]，他在其中认为，法国是一

---

1 Cohn, Jr. S. K., *Lust for Liberty: The Politics of Social Revolt in Medieval Europe, 1200-1425*, 241.

2 Firnhaber-Baker, J. with Schoenaers, D. edited, *The Routledge History Handbook of Medieval Revolt* (N. Y.: Routledge, 2017), 370.

3 布瑞克：《1525年革命：对德国农民战争的新透视》，陈海珠等译，第47页。

4 Mousnier, R., *Peasant Uprisings in Seventeenth Century France, Russia and China*.

个等级社会，居民分成若干团体，包括领主权、行会、家族等，各有其特权（privileges），独立性很大，所以农民是和其上级，如领主、城市等一起行动，反对政府、国王的。农民往往是起义的跟随者，而非首倡者。1635年，吉延（Guyenne）省的波尔多因为要向当地的酒店和制酒者收税，引起了酒店主和制面包者起义，许多手工业者、短工也都参加了，还有殷实市民和三级会议成员也都参加了。起义者要打开城门，放农民进城。许多农民进得城来，其中有园艺农，也有葡萄种植者和短工。吉延的省长集合不起军力，无力抵抗。一些农民在城市中抢劫，将抢得的财物带回家中。于是其他农民也闻风而动，进城抢劫，焚烧房舍。后来封建主集合起队伍，将农民驱散，杀死四五十人，骚乱方才平息。吉延的其他城市也发生了类似事件，即城市居民带头、农民跟随的起义事件。[1]

另外一种是封建主起事、农民跟随的事件。在法国西南部，封建主走私贩运盐以谋利，并且有武装保护。如果官方进行干预，就会发生战争，造成兵士被杀。1631—1644年，吉延地方曾经发出38件传票处理这种事件。1636年，兵士没收了五牛车的走私盐，引起起义。教堂的钟声响起，农民纷纷放下农具，拿起武器，将兵士驱逐。全法国的许多地方，都发生过地主、封建主甚至地方官诱导农民拒绝纳税。[2]在顿夫特财税区（Election of

---

[1] Mousnier, R., *Peasant Uprisings in Seventeenth Century France, Russia and China*, 45-48.

[2] Mousnier, R., op. cit., 48-49.

Domfront），有2000名农民集合起来，武装自己，封锁道路，拒绝纳入头税（taille），殴打、抢劫征税的兵士，其主要原因，就是当地的封建主保护他们，所以这一运动长达七年，仍然坚持。[1]

根据以上意见，农民起义和城市市民、封建主都有很大关系，就不仅仅是农民受压迫、剥削的反抗了。由于强调农民运动是在封建主、市民领导下发生的，就产生了什么样的运动、起义算是农民起义的问题。我认为，农民跟随封建主、城市市民反对政府的斗争，在封建社会中也经常发生，但那可能是封建主之间的内讧，也可能是西欧中世纪城市公社争取独立的运动。这些需要仔细鉴别，不宜将其混淆。

从各国的情况看，领导农民起义的，大都是小封建主、市民，特别是教士。如领导1381年英国农民起义的，是教士约翰·保尔，另一个军事领导人瓦特·泰勒，也是受过军事训练的人，而不是单纯的农民。领导法国1358年扎克起义的吉约姆·卡尔，是一个富裕农民。德国农民起义的领导者，有教士闵采尔、骑士文德尔·希普勒，还有大量的骑士。俄国的农民起义，领导者大多数是哥萨克，是比较富裕的农民，而不是农奴。中国太平天国的领袖，是洪秀全，是一个知识分子。李自成的部队中，也有李岩、牛金星等文人。希尔顿特别指出，领导农民起义的，很多是小封建主，因为他们有军事训练经历，能够指挥战争。[2]而

---

1 Mousnier, R., *Peasant Uprisings in Seventeenth Century France, Russia and China*, 51-52.
2 Hilton, R. H., *Bond Men Made Free: Medieval Peasant Movements and the English Rising of 1381* (London: Methuen, 1977), 123.

且，教士、修士有知识，了解社会情况，这些人的低层在封建社会中受压迫，具有反抗意识，所以他们往往是农民起义的领导者。领导人的身份不能改变农民起义的性质，我们必须从运动的成分、纲领、行动等各方面分析、认识农民起义。

也有人在将英国和法国的农民起义做了对比后指出，法国因为地方自治强，所以农民起义中封建主参加得多，而英国中央政府强大，封建主很少参加农民起义，即使有也只是个别现象。[1]但是，在比较了英国和法国的其他一些情况后，他认为英国农业收成高，农民生活状况比法国的好，所以起义相对要少，这样农民起义就和生活水平有联系。贫穷是导致农民起义的重要原因[2]，而政府征税则在两国都是农民起义的原因之一。这和前面所说的农民因为受剥削、受压迫严重而起义是一致的。

还有对农民起义的频率如何看的问题。作为和封建主对立的农民阶级，在封建社会中反抗封建主是十分自然、经常的事。这种反抗形式多种多样，从激烈程度上看，可以分为骚乱（riot）、起义（uprising, revolt）和农民战争三种。从频率上看，则可以说是无日无之。有人统计，1250—1425年，意大利、法国、弗兰德斯的农民起义的次数多达千次以上。[3]布洛赫也说，农民起义就像资

---

[1] Davies, C. S. A., "Peasant Revolt in France and England: A Comparison", *British Agricultural History Review*, vol. 21, no. 2 (1973): 127.

[2] Davies, C. S. A., op. cit., p. 124.

[3] Cohn, Jr. S. K., *Lust for Liberty: The Politics of Social Revolt in Medieval Europe, 1200–1425*, 27.

本主义下的工人罢工一样。[1] 魏可汉却说，在中世纪早期，领主的统治并不坚固，压迫也没有那么厉害，农民起义的次数就比较少。他提到的公元1200年之前的起义事件只有15起，公元1000年之前的有6起，之后的就只有9起。[2] 希尔顿也认为，中世纪初期农民运动比较分散，没有后来的农民起义那样的规模，目标也不明确。[3] 这样，农民起义呈现出数量越来越多、规模越来越宏大的趋势。

三　起义农民的成分

西方学者研究农民战争，因为定义不同，对其成分也就会有不同认识。如中世纪的群众革命，有人称之为中世纪的群众运动，它包括了城市中群众反对教皇、主教的斗争，是和平抗议、游行，或者是城市行会对城市贵族表达不满的抗议，没有暴力冲突；甚至还有中世纪城市中的学生不满城市领导，发生离开该城市的运动，这样将会造成城市经济大受损失，只好让学生再次返回。[4] 他们还想区分经济起义和政治起义两种，认为经济起义是农民反对封建剥削、针对封建主的斗争，这比较少见；政治起义是

1　布洛赫：《法国农村史》，余中先等译，商务印书馆，1991年，第192页。

2　Wickham, Ch., *Looking forward: Peasant Revolts in Europe 600-1200* (London: Routledge, 2017), 157.

3　Hilton, R. H., *Bond Men Made Free: Medieval Peasant Movements and the English Rising of 1381*, 97.

4　Cohn, Jr. S. K., *Lust for Liberty: The Politics of Social Revolt in Medieval Europe, 1200-1425*, 4-5.

农民反对国家剥削、压迫的斗争，这比较多见。[1]但他们也认为将封建主和主要由他们组成的国家区分开并不容易，经济起义和政治起义是分不开的。所以，这种区分我认为没有什么实际意义。

要区分开农民起义中的手工业者和农民，说前者是城市起义，后者是农民起义，也是困难的，而且是不必要的。因为封建社会中在农村的农民很多也从事手工业生产，而城市中的手工业者也大都在乡下有小块土地，耕种这块土地所得收获是其重要的生活来源。中古时代的城市和乡村，没有现代那样的区别，所以农民起义的参加者中往往有许多手工业者，史料中单纯提到的手工业者起义，如汉代的铁官徒起义，他们是服劳役的罪犯，原来也可能是农民。只有特殊的像意大利的一些城市，很早就有繁荣的工商业，比较早地发生了城市中层工商业者反对城市寡头的斗争，这不是农民起义，而是西欧中世纪城市内部的斗争，有其特殊性。

大部分封建社会的农民起义、农民战争的参加者都是以农民为主的，各种史料上的记载都无可辩驳地反映了这点。俄国的农民起义，绝大多数是哥萨克起义，领导者阶层是哥萨克。哥萨克也是农民，其中富裕农民不在少数。除了哥萨克，这些起义中也有大量的奴仆、农奴参加，其农民性质是不可否定的。例如，1707—1709年的布拉文起义，参加者中农民约占到2/3或者

---

[1] Cohn, Jr. S. K., *Lust for Liberty: The Politics of Social Revolt in Medieval Europe, 1200-1425*, 32.

3/4，而哥萨克只有1/3或者1/4。[1] 中国的农民起义、农民战争，从陈胜、吴广起义，到太平天国起义，参加者主要是农民更是没有疑义的。

希尔顿叙述的可以明确统计参加农民起义者的身份，一起是1323年弗兰德斯沿海地区农民起义事件。1325年起义被镇压后，死亡者被法国国王没收财产。这些财产被记录下来，主要是他们的地产，可惜只记下了他们可以世袭的地产，而租佃的土地没有记下，所以并不完整。名单列出的有115个教区，3185名死者，逃脱者675名。大多数死者有土地，但是也有891人没有土地。这些没有土地的人不可能全是雇农，可能是兼租种小块土地的手工业者。[2] 因为中世纪时期耕作小块土地的手工业者普遍存在。他们住在乡村，生产普通的商品供应给农民，和农民的情况是十分相似的。

希尔顿还统计了1381年英国农民起义参加者的成分，根据各郡180个人的财产状况，可知其中65个人的动产不足20先令，15个人其动产值在5镑以上，还有50人大概是手工业者。所以，可以说，大多数有过得去的生活资料，有相当数目的人没有足够的生活资料，而少数还是富裕农民。他认为这证明，贫穷的、中等的、富裕的农民，还有雇佣劳动者及其雇主之间，并没有多少对

---

[1] 斯米尔诺夫等：《十七至十八世纪俄国农民战争》，张书生等译，人民出版社，1983年，第230页。

[2] Hilton, R. H., *Bond Men Made Free: Medieval Peasant Movements and the English Rising of 1381*, 126.

抗，而是一致起来反对封建主、法学家和政府官吏。[1]

本书主要综合封建时代的中国、西欧、东欧一些地方的农民起义和农民战争情况，比较研究一下有关的问题，共分五个部分，即农民战争的背景，农民战争的原因，农民战争的过程，农民战争的纲领以及农民战争的历史作用。希望能够提出一些问题，也许没有具体答案，仅供学界参考。

---

[1] Hilton, R. H., *Bond Men Made Free: Medieval Peasant Movements and the English Rising of 1381*, 182-184.

第一章
农民战争的背景

封建时代的文明地区主要在亚欧大陆,本书所叙述的农民战争当然也局限于这个地区,所以背景描述也只限于这一地区。

在公元前后,中国和罗马帝国分列在亚欧大陆的两边,在政治、经济、文化、军事诸方面,都可以说是超级大国,代表了当时最先进的文明。罗马帝国后来分崩离析,分裂为西欧诸小国,东罗马文明向东发展其影响,和斯拉夫人建立了东欧诸国。这样,古老的中华帝国、日耳曼诸王国、斯拉夫诸王国,就是我们研究的农民战争的政治背景。

这三个地区有不同的政治、经济、文化,影响当地的农民运动有不同的表现形式,所以让我们首先论述中华帝国的政治、经济、文化诸单元,看它有什么与众不同的特质。

一　中国的情况

（一）中国古代的政治

中华帝国的特征，中外历史学首先论述的就是它数千年来是一个统一的大帝国，分裂割据的局面只是暂时性的。本来，古老的中华大地上存在着许多的文化，原来强调黄河流域的文明，现在我们知道同时或者更早还有东北的红山文化、长江的良渚文化等。不过黄河流域的夏、商、周一直被中国人作为统一国家的历史记忆存在，而且还远及尧、舜，乃至黄帝、炎帝。夏、商、周三代被认为是连续的三个统一国家，相互连接，组成了中国朝代连续的开始。实际上这三个国家当时大概只是黄河流域众多邦国中比较强的邦国，其他和它们并存、争夺的邦国不胜枚举。到了春秋战国时代，周王朝统一的局面已经不能维持，春秋时许多城邦并存，不断争夺兼并；战国时发展成为领土国家，有着更激烈的七雄兼并战争，完全是分裂割据的局面。但就是在这样的混乱之中，中国却很早形成了夏、商、周三代统一说。司马迁著《史记》，其中有《五帝本纪》，肯定是有所根据的，后面的夏、商、周三代本纪、王系，一些事已经被证明确实存在。春秋战国百家争鸣，诸子百家几乎都已经承认这样的王朝序列。特别是孔子、孟子。孟子更倡导尧、舜、禹、汤、文、武、周公的圣王序列，主张"五百年，必有王者兴"。等到汉武帝以后，儒家学说逐渐成为国家的指导思想，各个朝代序列就成为中国人牢固的历史记忆而保持下来了。

这个大一统的朝代序列，成为中国牢固的思想基础之一。《史记》说秦始皇统一诸国后，"海内为郡县，法令归一统"，中国人认为皇帝就是天下、海内的君主，历朝历代都认为统一是必须达到的目标。所以，中国历史学上有所谓"正统论"，即虽然分裂割据，几乎每个王朝都要争取自己是正统，斗争的目的是要建立统一的帝国。[1] 4世纪时西晋灭亡，中国北方进入五胡十六国时期，这和西罗马灭亡后西欧进入日耳曼诸国分裂割据时期有些类似，但其实很不一样。匈奴、鲜卑、羯、氐、羌这些少数民族，当时已经汉化，他们的领袖，像刘渊、苻坚，都对汉文化有深刻了解和掌握，而这些少数民族群众也都会说汉语、认识汉字，所以建立的政权也和汉族的割据政权一样，仍然追求统一，仍然自命为天下的君主。而迁徙入西罗马境内的日耳曼诸族，像西哥特人、东哥特人、法兰克人、龙巴底人等，虽然他们也受罗马文化影响，甚至建立国家是奉罗马皇帝之命，按照罗马的组织模式建立的，但实际上仍然保留了自己的管理系统和生活习惯。他们最多只想以罗马帝国内部的一个官吏或将军的名义进行统治，没有当皇帝统一帝国的愿望。这是和中国情况不同的。[2]

当然，在中华大地上，历朝历代都有少数民族政权与汉政权共存，汉有匈奴，唐有吐蕃，宋更和西夏、辽、金并存，只能偏安南方。但汉族政权是中心，有其政治、经济、文化上的优势，

---

[1] 参看饶宗颐：《中国史学上之正统论》，上海远东出版社，1996年。
[2] 参看马克垚：《"西欧奴隶制向封建制过渡"的再认识》，《经济社会史评论》2018年第3期。

而且本身经过秦始皇的废封建、行郡县，车同轨、书同文，统一货币、度量衡等，有极大的凝聚力和同化力，所以形成历数千年而不变的统一局面。许多少数民族政权最后都奉行汉族政权的模式，采其制度、服色，特别是尊崇儒家文化，儒家文化成为中华大地上各个朝代共同的指导思想和群众的思想基础。

儒家是一种哲学思想，但不是宗教，所以中国历史上一直对宗教采取宽容政策。本地产生的道教和外来的佛教、基督教、伊斯兰教，一直和平共处。虽然思想上也有斗争，组织上甚至有过三武灭佛的举措，但绝对没有外国那样的宗教战争，不会因为信仰的宗教或教派不同而兵戎相见，以致成为国家分裂的因素。而外来宗教也不可能取代儒家的指导思想地位，这也是中国统一的原因之一。

论者多以为，历史上中国和罗马帝国多因扩张而成大国，举中国和罗马并列，其实中国和罗马明显不同。罗马从一个蕞尔小邦，扩张成为环绕地中海的大国，进行的是扩张战争。其战争目的是摧毁敌人、掠夺奴隶，所以攻城略地之后，往往是将其完全摧毁，财物抢劫一空，居民卖作奴隶；或者将其兼并，使之成为罗马城邦的一部分。中国进行的是统一战争，所以形成了仁义之师的思想，"不杀老弱，不猎禾稼，服者不擒，格者不舍，奔命者不获。凡诛，非诛百姓也，诛其乱百姓者也"。荀子之仁义之师的思想，后来在《汉书·刑法志》中亦有所表述："故齐之技击不可以遇魏之武卒，魏之武卒不可以直秦之锐士，秦之锐士不可以当桓、文之节制，桓、文之节制不可以敌汤、武之仁义。"[1]《资治通鉴·秦纪》"秦昭襄王"条下,又重复了荀子的话:"不杀老弱,不猎禾稼……凡诛,非诛其百姓也,诛其乱百姓者也。"[2]战争时必须考虑到统一之后如何统治,不能以杀戮破坏为目标。这和罗马的扩张战争是不同的。

(二) 中国统一的经济基础

中华大地上虽然发生过诸多文明,但先进的文明仍然立足于黄河流域。这里最早形成文字,出现国家。黄河流域地处黄土高原,黄土富含营养物质,对作物种植十分有利;而且比较疏松,容易耕作。这里长期进行的是耒耜农业,依靠人手、脚推动耒耜即可完成田间操作。种植的作物主要是粟(小米)和黍(黄米)。小米耐旱,在贫瘠的土壤中也可生长,营养丰富,比其他作物含有更多脂肪、碳水化合物和维生素,供养了大量的人群。黄土高原上起初气候温暖湿润,森林茂密,野兽出没,经过先民垦辟,转化成为农业区域。

耒耜农业的沿用,使中国较早形成了农业上的精耕细作。原来先民在地广人稀、工具落后的条件下,也实行砍烧农业,有所谓菑、新、畲的农田轮番耕作制。后来不久就改变为精耕农业,和欧洲的粗放农业大不相同。中国农业遵循的是"宁可少好,不可多恶"原则,每户农民耕种的土地比较小,但是耕作十

---

[1] 《刑法志》第四册,《汉书》卷二十三,第1086页。
[2] 《秦纪》一,《资治通鉴》卷六,商务印书馆影印版,第6页。

分精细，对整地、播种、中耕、除草、收割，有一整套程序和技术，也发明了相应的农具，所以单位面积产量很高。有人计算，清代单位面积产量，如以西欧种子和产量之比计，南方水稻田为1∶40，北方小麦为1∶20至1∶24。[1] 这和西欧一般产量为种子的4倍真是不可同日而语了。即使按照西欧早期近代的产量，也只达到种子的6倍。所以，中国精耕细作条件下的粮食产量很高，中国可以以比较少的土地养活较多的人口。中国农业的另外一大特点，就是比较早就实行了种植业和畜牧业的分离，全国一些地区以种植业为主，另一些地区以畜牧业为主，不像西欧实行的种植和畜牧结合在一起。农户在家中饲养家禽和家畜（鸡、猪、羊等），以保证脂肪和蛋白质的供应。每户农民还自己养蚕缫丝，种植麻类植物，保证衣食无忧。孟子说的典型中国小农就是五亩之宅，树之以桑，百亩之田，用以耕作。八口之家可以丰衣足食。中国古代的百亩之田，合今亩约30亩；英国典型的农民耕地面积是一个维格特（virgate），合30英亩。1英亩约合6中国亩，所以中国农民的耕地只占英国农民耕地的1/6。

大量小农分散在广阔的中华大地上，上面耸立着统一的帝国，这就是数千年的基础，但我并不认为中国小农是一个个分散的"马铃薯"，任由皇帝统治。中国小农依然有自己的组织，固定公社业务研究不够，所以多不为人所承认。其实公社之存在，是历史上已经证明的共同规律。中国古代这方面的记录不绝于

1　方行：《中国封建经济论稿》，商务印书馆，2004年，第194页。

书，像孟子说的井田制，《汉书·食货志》载"民年二十受田，六十归田""春令民毕出在野，冬则毕入于邑""冬，民既入，妇人同巷，相从夜绩……所以省费燎火，同巧拙而合习俗也"，这都是原始大家庭公社的一种生产和生活反映。后来魏晋南北朝时期，各地的坞壁组织，也有一些是农民自己组织起来自保的，当有农村公社的痕迹。还有各地的宗族组织，也是农民的自卫组织之一。只是我们没有深入研究。

中国的古代国家政权拥有巨大的国营经济，首先是农田，政府掌握土地，将之分配给农民耕种，农民负担国家的赋税徭役，这成为政府的主要收入来源。秦即实行土地分配制度，这从睡虎地秦简和其他秦简看得十分清楚。田官不但管理分配农民的土地，甚至对田里庄稼的生长情况和应该交纳的粮食、刍藁等，均须负责。降及汉唐，分配土地的均田令更是十分明确。唐代农民受田、还田，应纳租、庸、调之数规定得十分清楚。这一法令保证了唐王朝的农业的繁荣和兵力的强大，使有唐一代成为当时世界上的超级大国。到宋代田制不立，国家不再向农民分配土地，但皇室控制的皇庄仍然是巨大的地产。

中国古代政府又都控制着广大的工商业，首先是手工业，有官营手工业，如唐代官营手工业规模巨大，由少府监、将作监、军器监等机构管理。少府监负责生产宫廷使用的各种器物，将作监负责管理土木工程和各种建筑，军器监负责制造武器，这些工场的工人许多都是征发百姓服役，也有刑徒劳作。宋代官营手工业比唐又有发展，其中工作的工人有许多已经不是征发，而是和雇而来，为了得到技术优良的工人，政府出的工资比私营手工业都要高。官营手工业在中国历史上发挥过很好的作用，它设备精良、工匠优秀，所出产品都是精品。官营手工业发达时期，也就是中国科学技术发达时期。到了明清，官营手工业逐渐衰落，而科学技术的创造力也就衰落下去了。中国的官营手工业还有一个特点，就是它没有后来的保密、专利制度，民间技术工人前来服役，也学习到官方掌握的技术，轮番完毕后回到民间，自然就把这些技术传播到民间去，使全民的科学技术水平都有了提高。

除了官营手工业，中国政府还有所谓禁榷制度，就是对工商业的管制。这一制度历来多受诟病，被认为妨碍了商品经济的发展，是中国专制主义统治的重要体现。其实对工商业的管制历史上各国都有，我国的禁榷制度一般说始于汉武帝时期，后来各个朝代都对盐、铁这两项民生必需项目实行管制，一般采取的是官督商办，国家向特许经营的商人征税，这样政府可以获得利税，商人因为有政府的支持所以得到发展，另外私商也还有广阔的发展空间。宋代专卖制度最为复杂、严格，然而宋代商品经济最为发达，并未因此而受到损失，就是证明。

中国从秦汉起就是统一国家，汉代就提倡"量吏录、度官用，以赋于民"，唐德宗时杨炎制定"两税法"，更提出"凡百役之费，一钱之敛，先度其数而赋于人，量出以制入"。由此开始了国家的预算制度，按照实际需要征收赋税，不能赋敛无度。中国从秦汉起就有主管财政、税收的机构，将管理政府财政和皇帝私人财务的机关分开。管理政府收入的机关是大司农，其收入主要来自人民交纳的各种税收,包括算赋、口钱,支出则是政府改革开支、军费、公共工程费用、官吏俸禄等;少府主管皇室财务,其收入主要来自山林、川泽、苑囿、政府土地、各地贡赋等,支出则是宫廷消费、宗庙祭祀、各种赏赐。农民的负担首先是土地税,为收成的1/15或者1/30。另外有算赋和口钱,是一种人头税。徭役的负担比较沉重,成年男子应该为政府服役一个月,戍边三日,也可以以钱代役。应该说国家的赋税并不重,但是农民主要是受豪强地主的剥削,所谓"官收百一之税,民输太半之赋,官家之惠,优于三代,豪强之暴,酷于亡秦"。所以汉代一直讨论的是如何防止兼并,使农民保留在政府的直接控制之下,而不要变成豪强地主的佃农,造成户口流失,使政府损失收入,豪强地主构成对皇帝的威胁。

  北魏至隋唐实行均田制,也是一种对土地的管制政策。均田制并非对土地的重新统一分配,而只是在土地占有的现实基础上,按农民耕作能力确定土地占有面积,是否补充、调整则根据实际情况多有不同。但均田制确曾在广大范围内施行,使农民有地可耕。均田农民要负担国家的租、庸、调三项税收。租年纳二石,庸为服役年二十日,可以折绢代替,调为年纳绢二丈、绵三两。国家对于工商业并不征税,采取自由放任政策,所以唐代工商业也得到很好发展。唐德宗时实行"两税法",即把过去按人丁征收的税收改为按财产征收,这是一个很大的进步,而且实行货币税,"定税之数,皆计缗钱",因为流通手段不足,所以交纳时仍然多为绫绢,但反映了商品经济的发展。

宋代田制不立，国家对土地的控制减弱，农民分化加剧，出现了不少佃户，但也存在大量自耕农，他们根据耕作的土地面积交纳地租和田赋。宋代商品经济发达，工商业税成为国家收入主要来源。按照刘光临的计算，宋代（以1077年为例）田赋为20213两银，约占国家收入的32.9%，间接税为41144两银，约占67.1%。[1] 宋代已经实现了政府收入的高度货币化，并且发行纸币以助流通，又铸造大量铜钱，所以市场经济发达，在对外战争劣势日益严重的情况下，还可以支撑危局，和辽、金、元相抗衡。

明代财政政策比较落后，16世纪时，受经济发展的影响，不得不实行一条鞭法，征收财产税，并且将赋税折合成货币税，称金花银。清代继承明代的办法，后来实行"盛世滋丁，永不加赋"，固定了人口税，后来又"摊丁入地"，将人丁税加入地亩之中，完全按土地面积征税，放松了对百姓的人身控制，有利于社会经济的发展。

东方专制主义论者多主张中国古代乃专制国家，皇帝为了满足自己的私欲，无限地榨取人民、剥削人民，所以税收苛重，民不聊生。这完全不符合历史事实。进一步的研究证明，所谓专制的中国税收并不高，在18世纪，中国的常规性税收只占农业产出的5%—10%，而国家就可以用这一笔收入，供养军队，修建粮仓，开办学校，支付国内的各项开支。而所谓的代议制的西方政府，其税收却大于中国政府，而且他们并不提供公共服务，主要将收

---

[1] Liu Guanglin, *The Chinese Market Economy 1000–1500* (N. Y.: Suny Press, 2015), 47–48.

入用来进行战争。[1]当然,代议制确实也给西方政府征税造成一定困难,但他们可以用所谓非常规性支出的需要作为借口而进行征税,战争就是这种税收的主要目的,所以我们可以看到西方政府在近代早期税收不断增加,名目繁多,百姓负担沉重;中国政府的征税,受制于历代一直奉行的仁政思想和对老百姓反抗的担心,反而更有效力。所以,中国皇帝虽然开支很大,但他们从财政体系中拿去的那部分是有限的,并非可以无限消费,穷奢极欲。[2]

(三) 中国农民起义的思想特色

古代中国政府直接统治着大量老百姓,它也拥有庞大的资源,包括土地和工商业,所以相较于封建割据的西方政府,要强有力得多。它也成为不满的农民群众反抗的直接目标,所以中国的农民起义一般都是针对政府而发动的,因此皇权主义表现得最少。

殷周之际政权更替,小邦周打倒了大邦殷。周人建立起尊天思想,其统治者自称为天子,一方面以提高地位;另一方面,也感到天命靡常,必须敬天保民,才能维持统治。"民之所欲,天必从之","天视自我民视,天听自我民听"(《尚书·泰誓》),即天是根据人民的意见对待统治者的。这就是中国的民本思想,认为君主是和人民一道有天下的。天下乃天下人之天下,君主不是

---

[1] 王国斌等:《大分流之外:中国和欧洲经济变迁的政治》,周琳译,江苏人民出版社,2018年,第188页。

[2] 同上,第210页。

天下的主人，人民才是天下的主人。孟子说得十分清楚，"民为贵，社稷次之，君为轻"。他说天子不能以天下与人，而是"天与之"，如果君主不行仁政，违反了仁义，那就有被人民推翻、杀掉的可能。"贼仁者，谓之贼；贼义者，谓之残，残贼之人，谓之一夫。闻诛一夫纣矣，未闻弑君也。"《吕氏春秋·贵公》也说，"天下非一人之天下，天下之天下也"。

汉代逐渐形成了中国历史上皇权统治的指导思想，这就是董仲舒所提倡的天人感应说。一方面他提倡三纲，"君为臣纲，父为子纲，夫为妻纲"，臣、子应该服从君、父，但另一方面他又提出了天人感应说，"天之生民非为王也，而天立王以为民也"，"国家将有失道之败，而天乃先出灾害以谴告之；不知自省，又出怪异以警惧之；尚不知变，而伤败乃至"，即一方面，对君主应该服从；另一方面，君主应该敬天保民，逆天违理而天不佑，你就得下台。天的意志如何体现，就是看民的意志，"民之所欲，天必从之"，"皇天无亲，唯德是辅"，所以皇帝必须行仁政，必须爱民。汉成帝的诏书说："盖闻天生众民，不能相治，为之立君以统理之。君道得，则草木昆虫咸得其所；人君不得，谪见天地，灾异累发，以告不治。"（《汉书·成帝纪》）历史上不断有臣下因为灾异或其他原因上书要求皇帝退位。如昭帝时，眭弘认为有各种灾异现象，天子应该到天下各处"求索贤人，禅以帝位，而退自封百里，如殷周二王后，以承顺天命"，结果因为妖言惑众、大逆不道而被杀（《汉书·眭弘传》）。宣帝时，盖宽饶上书，说"五帝官天下，三王家天下，家以传子，官以传贤。若四时之运,功成者去,不得其人则不居其位",结果盖被迫自杀(《汉书·盖宽饶传》)。成帝时,谷永多次上书进谏皇帝,"方知海内非为天子,列土封疆非为诸侯,皆以为民也。垂三统,列三正,去无道,开有德,不私一姓。明天下乃天下人之天下,非一人之天下也"(《汉书·谷永传》)。看来这在汉代已经成为一些知识分子的共识,虽然他们遭受迫害甚至被杀,但仍然不断有人这么主张。

唐代杜佑著《通典》,在州郡典的序言中说,"夫天生烝人,树君司牧,是以一人治天下,非以天下奉一人",仍然主张皇帝是天命令统治天下的,所以逆天违理就得下台。

中国古代的人民群众从这些思想中,继承了造反有理的思想,认为"有道伐无道,无德让有德"是天经地义的事。推翻旧皇帝、建立农民的新政权是随时可以进行的工作,所以中国古代历史上才有那么多的农民起义和农民战争,世界其他各国都没有这样的事。

中国古代还有一个特点,就是人民群众具有平等思想。人民群众是国家的编户齐民,由国家直接管理。虽然有贵贱之分,但是中国古代的贱民很少,理论上农民群众和官僚地主是平等的。农民还可以通过科举考试上升直到将相,通过军功也可以上升,所以农民群众并不认为自己就比官僚地主低一等。

在阶级社会里,统治阶级的思想往往就是当时社会的指导思想,统治阶级宣传的主流,还是服从君主、官僚、地主阶级,中国古代的农民,也充满了对君主、官僚、地主的服从与尊敬。但是，中国古代的政治思想特别的性质，赋予人民群众反抗统治阶级的思想武器，这才引起农民起义和农民战争的巨大浪潮。

二 西欧各国的封建制度

（一）西欧的农业

西欧的地形是一大平原，除阿尔卑斯山、亚平宁山等山脉外，其他大部分都是平原和丘陵地区，海拔很低，一般都在150米以下。四周被海洋环绕，气候温暖湿润。各地一年之内温差比较小，年降雨量都在750毫米以上，宜于农作物生长。这里不像亚洲那样地形多为干燥寒冷的高原，所以也不需要人工灌溉设施。

西欧农业区又可分为两部分。南部包括意大利、法国南部、西班牙等地，属地中海农业区，土壤松散，水分易于蒸发，春、秋季雨量比较多，夏季干燥。这里耕作上的一大问题是如何保墒，须经常犁耕地面，保持表土松散，以防止水分蒸发，而不需要深耕。自罗马时代以来这里使用的就是一种轻型犁，即只有一个犁铧，一般为铁制，套在向下倾斜伸出的铧梁上，只要能耙松土壤就行了。种植的作物为小麦，10月播种，来年六七月收割，产量很低。罗马城的粮食要靠西西里、北非的迦太基，后来更依靠埃及供应。

西欧的北部农业区包括法国北部、英国等地。这里土壤系黏结不透水土壤，土质坚硬，不易犁耕。土壤中的养分不多，容易被水冲走，所以在耕作时要求把土壤翻转。使用的是一种重型犁，在犁梁前面装有一个垂直下伸的犁刀，起先行划破土壤的作用。犁铧向下倾斜以便深入土中，旁边还装有犁板以便翻土。在犁铧下面还装有一条龙骨，以便于操纵犁，使其倾斜以翻转土壤。这样的犁形制复杂，重量较重，故在前面又装了两个轮子，称为轮犁。轮犁一般需二牛才能拉动，中世纪所记轮犁多为四牛拉曳，这样四牛组合成一个犁队（team），而一般小农要有一个犁队是十分不容易的，往往需要几户组合成一个犁队。

西欧中世纪时的耕作方式是粗放耕作制，一个农村的耕地划分为几大块。一般为三大块，其中一块种冬小麦，10月播种来年8月左右收割；一块种燕麦、稞麦、大麦或豆类，春天播种，秋天即可收获；还有一块即处于休耕，成为公共牧场，全村的牲畜都可以到上面放牧。西欧这样的农村耕作制是种植业和畜牧业相结合的，与中国的农业和畜牧业分离的形式不同。之所以如此，是因为当时肥料不足，需要休耕以恢复地力。当时西欧的农村一般组织成庄园，庄园是封建主的产业，其中大概都有耕地称为领主自营地，由庄园农奴无偿耕作，收获全归领主。庄园各户的耕地，甚至包括领主自营地，并非完整的一块，而是分散各处，在每大块中都有一小条，这称为条田，其大小约为一英亩，据说应该是一个犁队一日耕完的面积。这样每户的耕地，包括各种类别的地，其肥瘠、高低、离家远近不同，而各户所得大体相当，体现出一种平等精神。庄园上的耕作，是依照大块土地进行的，哪一块春播，哪一块秋播，哪一块休耕，大家一起去上面劳动，不能独行其是，这叫作强迫轮种制。此外，庄园上还有草地、树林、鱼塘等,这些也是大家共同所有的,可以到其中捕鱼、割草,到树林中捡拾柴火,其数目当有一定限制。

这一种土地分配办法和耕作制度究竟是怎么来的,长期成为研究和争论的问题。19世纪日耳曼人的公社说建立后,大都以农村公社来解决,即小农的公社追求平等原则,使各户机会均等,不致因耕地条件不同而产生贫富不均,导致农民发生分化。而对于草地、鱼塘、树林,也因为是公社的财产而大家都有使用的权利。后来,封建主侵占了农村公社,在其上建立了庄园,庄园体现了封建主的权利,封建主可以以之剥削农民,但是土地的分配办法、耕作方式,仍然是过去公社的遗迹。"二战"以后,西方史学界对公社说另有新解,这种土地耕作方式又出现了许多其他说法,不过我以为公社说还是有它的道理的。

西欧中世纪的农村公社,曾经存在过很长一段时间,农民依靠它和封建主展开过一系列斗争,保卫农村的公共土地不被封建主侵占,使农民能够使用原来属于自己的树林、鱼塘、草地,不让封建主收取税收,所以说农村公社是农民在中世纪反抗封建主的团结斗争的现成手段。

(二) 西欧的封建制度

西罗马帝国是因莱茵河、多瑙河以外的日耳曼人入侵而灭亡的。自古代晚期的研究兴起后,日耳曼人成为一个大问题,有所谓族群生成理论,认为日耳曼人是靠共同的历史记忆,在胜利的军事领袖的吸引下形成的。相反,也有人认为依靠记忆不可能吸引群众形成族群,双方论争激烈,甚至统一的日耳曼人是否存在也成了问题。不过,西罗马帝国的灭亡仍然是由莱茵河、多瑙河以外的少数民族(蛮族)进入帝国内部造成的,所以我们仍然要研究这些族群。

日耳曼人是以一些小部落或者部落联盟组织进入西欧的,然后形成了许多的国家,后来称这些国家为蛮族国家。这些国家中有大的国家如法兰克、西哥特、东哥特等,但其中也包含着更小的部落和国家。它们由氏族贵族率领,这些首领的名称多种多样,如duke(公爵)、princeps(君主)、rex(king,王)等等。这些名称有的是自封的,有的是由东罗马皇帝授予的,大首领和小首领之间或者有统属关系,或者没有统属关系,或者只是名义上的统属关系,但这些首领大都把自己占领的土地和人民据为己有,进行统治。例如法兰克国王克洛维在要进攻西哥特国王阿拉里克时就说:"这些信奉阿里乌斯教派的人占据着一部分高卢土地,使我深感厌烦。那么,让我们向那里前进,凭着上帝的帮助,把这块地方拿过来置于我们的管辖之下。"[1] 后来他击败了阿拉里克,夺取了普瓦提埃等地,扩充领土直至比利牛斯山麓。

各蛮族国王视所占领的土地为自己家族的私产,克洛维死后,其土地即在四个儿子间瓜分,经过残酷斗争后只有洛泰尔幸存下来,国家暂时统一。洛泰尔死后国土又四分,后来成为奥斯达拉西亚、纽斯得里亚、勃艮第三部分。加洛林王朝的国王丕平

---

[1] 格雷戈里:《法兰克人史》,戚国淦译,商务印书馆,1981年,第94页。

（751—768）死后，国土也在其子卡尔洛曼和查理曼之间瓜分，后来因为卡尔洛曼早死，查理曼才成为法兰克的唯一君主。根据日耳曼传统，国王由贵族或战士选举产生，但必须得王族或贵族血统中人才可担任。[1]所谓选举也只是一种形式，实际上是由贵族之间的各种力量对比决定的。一个国家内部，还有着各种王公、贵族的土地，实际上独立自主，不受国王的管辖。君主、贵族通过婚姻，可以合并或分解其所管辖的土地。

过去，恺撒的《高卢战记》和塔西陀的《日耳曼尼亚志》，大都强调这些蛮族国家的原始民主性质，但现在也有许多不同的看法，如认为并不存在民众会议议决大事的情况，国王召集自己的亲信集会讨论大事乃是为了更好的统治，法律是国王的法律，没有什么抵制国王的事。[2]日耳曼人占领的是原来罗马的土地，罗马文明通过教会仍然有所保留。罗马的国家政治原则，通过教士的传授，逐渐为这些国家所熟悉，然后发生作用。一般主张加洛林王朝建立，教皇为丕平加冕后，就确立了君权神授原则。国王凭借神圣的灵光，不断扩张其势力，降公爵、伯爵等为其下属，派遣自己的家臣作为代表试图对其他领主实行控制，要求他们履行提供军事服役等义务，逐渐确立王位世袭原则。

西罗马帝国崩溃后，西欧存在的最有组织的势力是基督教

---

1 有人指出，虽然各国情况不同，但是整个说来，王位的世袭制越来越成为取得王位的正统途径。参看《法兰克人史》。还可参看伯恩斯主编：《剑桥中世纪政治思想史》上册，程志敏等译，生活·读书·新知三联书店，2009年，第205页。

2 同上，第204页。

会。罗马教廷虽然没有和日耳曼国家抗衡的政治、军事实力，但它掌握有罗马文化的遗留和上帝之命的宗教权威，逐渐发展成宗教实体和政治实体。罗马主教成为西方各主教之首，他被认为是基督的代理人（vicar of Christ）以及使徒圣彼得的继承人，他的权力是神授的，可以调动和罢免主教，具有制定和修改教会法令的权力。教皇权力高于法律，也高于一切宗教会议，他的权力是完整的、不受限制的，所以教皇具有专制权力（potestas absoluta）。[1]不过这时教会仍然听命于国王，国王召集教士开会，任命主教，并且命令主教做各种工作，像命令他自己的臣仆一样。国王和教会相互支持，彼此都得到好处。

（三）封建国家

一般认为，西欧从查理曼之后，逐渐建立起封建制度，由此开启了西欧历史上的封建国家时期。对于封建制度，学者们近年来已争论不断，认为它没有原来所定义的那样整齐划一，而是13世纪法学家总结的产物，随之对封建国家当然也会产生甚多疑义。我们不拟多做论述，只是根据一般认可的封建国家制度，做一简要介绍。

封建国家被认为是由封建君臣的层级组织建立起来的。封建君臣关系被说成是一种私法关系，而非公法关系，即封建君臣是靠私人之间的纽带结合而成的。按照惯例，封君对下级封臣应该

---

[1] 参看彭小瑜：《教会法研究》，商务印书馆，2003年，第三章。

赐以土地，使其维持生活，并且负责保护他的安全；而封臣应该对封君服役、效忠，不得背叛。由于这种关系是在长期过程中自发形成的，所以君臣关系十分混乱，一个人有多个封君，也有多个封臣，形成了十分复杂的等级连锁关系。国王应该是最高的封君，但是甚至国王也从别人手中领取土地，不过一般不把国王称为封臣。下面依次应该是公爵、伯爵、男爵等大、小封建主，形成多层的金字塔结构。每一个封建主都有他的领地，他也把自己的领地分封一部分给他的封臣，不断的分封形成了犬牙交错的土地分割局面，这就是封建国家的理论模型。

法兰克王国到查理曼（768—814）时发展成为帝国，查理曼死后，国家四分五裂，子孙打了多年内战，帝国三分，奠定了今日法兰西、德意志、意大利三国的基础。

987年，法兰西的休·加佩被推选为法国国王，他拥有公爵头衔，加佩家族也是强大的家族，但作为法国国王却十分弱小。当时法国的土地上，存在着50多个大大小小的诸侯，其名义有公爵也有伯爵。国王占有的土地很小，作为法兰西公爵，他的领地是处在塞纳河、默兹河、斯凯尔特河之间的狭长地带，俗称法兰西岛。但国王在公爵领上只具有领主权，这里面还分布着许多其他领主，各据有领地。直接属于加佩家族的土地只有巴黎、奥尔良周围地区，以及普瓦西、埃当普、桑里斯等地和靠河的港口蒙特勒伊。只有在这些土地上，他才能向农民收取劳役或实物地租。法兰西岛上国王直接剥削的土地和他管辖的土地这两部分合起来，称为王领（domain）。王领之外，有许多独立的封建主，如中部有安茹伯爵领，往东是香槟伯爵领，再往东为巨大的勃艮第公爵领。南部为巨大的阿奎丹公爵领，他几乎完全独立于法国国王，和德国、英国都有外交往来。西南有加斯科涅伯爵领、土鲁斯伯爵领，西海岸有布列塔尼公爵领，有自己独特的历史和文化。往北则为诺曼底公爵领，一直保持着独立性，直到后来被腓力·奥古斯都（1180—1223）征服为止。再往北是弗兰德斯伯爵领，和法、德两国都有封建君臣关系，是法国不稳定因素的源泉之一。

从查理曼帝国瓦解起，此后二百多年，欧洲大陆没有权威机关制定过法律，所谓的国王没有自己办公的地方，也没有文书档案，即根本没有识文断字的文秘人员，地方公爵、伯爵就更没有这样的人员了。所以国王也没有任命地方管理人员，各地陷入无政府状态，国王、公爵、伯爵，直到最小的堡主，都是独立的政治实体，成为名副其实的独立王国。他们向自己控制的农民征收各种苛捐杂税，铸造自己的货币，在道路、桥梁上任意设卡收税，更多的就是相互之间不断发生战争，在对方的土地上抢劫杀戮。

法兰克国家包括很多部族，但也是一些分裂割据的小国。因为生活在一起，又是同源的血缘关系，所以风俗习惯、语言等也逐渐统一。后来西欧的民族标准逐渐被认为是有共同的血缘关系、共同的面貌、共同的语言、共同的生活习惯。当然这些标准引起了无穷的争论，而且民族和血缘、语言、国家不一致的地方，比比皆是。我们只能说，15世纪开始，或者说比15世纪还要早，西欧一些大国，如法、德、英等国，逐渐产生了民族认同感。我们往往举出法国圣女贞德的勤王之师作为法国民族观念发生的象征，也往往举出这勤王之师激发了法国的民族感情。但是我们也应该知道，这时的法国人仍然还不自称法国人，而是自称巴黎人、布列塔尼人、马赛人、勃艮第人等，民族的形成可以说只是刚刚开始，政治上的封建割据状态并没有大的改变。

民族国家的形成和王权强化、政治统一有很大的关系。从11世纪开始，法国王权逐渐加强。法王腓力二世和英王亨利二世齐名，都被认为是加强王权的代表人物。腓力二世通过1214年的布汶之役，打败了德国皇帝、弗兰德斯伯爵和英国约翰王的联军，扩大了领土，被称为奥古斯都。他支持城市，授予它们特许权，以和桀骜不驯的封建主对抗。他把王室法庭（curia regis，也就是王廷）的财政和司法职能分离，并向地方派遣官吏，通过扩大王廷司法权和向地方封建领派遣官吏，逐渐削弱地方的独立性。这一过程由其后人继续，到路易九世（1226—1270）时有很大成就。

由于法国封建割据严重，各封建主在其领地内都是独立的领主。中央的王廷没有多少司法权力，只是审理大封建主提起的一些案件或者城市和教会纠纷的案件，据说1137—1180年只有85起，平均每年不到两起。[1]从腓力二世起，法国国王不断加强其司法力

---

1 伯尔曼：《法律与革命：西方法律传统的形成》，贺卫方等译，中国大百科全书出版社，1996年，第563页。

量,1250年前后,成立了巴黎高等法院,是专门的司法常设机构。巴黎高等法院由5人组成,2人属俗界,3人为教士,他们都是通晓法律的专业人士,承担各种上诉的审判,成为加强王权的工具。在这里通行的是罗马法,另外,13世纪起也逐渐把习惯法记录下来。法国国王起初在自己的王领上设立邑吏(prevots),主持征收赋税和司法审判,后来又在其上面设立邑长(baili),代表国王巡回各地。邑长制度逐渐推行到其他地方,他们有了固定的巡回区域,形成各级管理制度,当然这需要相当的时间才能完成。

法王法兰西斯一世(1515—1547)时努力加强王权,削夺封建主的司法权力,取消城市的独立地位,并且取得了高级教士的任命权,从而将许多教会收入收归国家。他死后法国陷入了三十多年的宗教战争,新、旧两派宗教各有封建主支持,双方混战,法国元气大伤。亨利四世(1589—1610)即位后,他本来是一个新教徒,这时改信旧教,颁布南特敕令,承认新教也具有合法地位,逐渐实现了国家的和平统一,法国进入专制王权的波旁王朝(1589—1792)时期,尤其在路易十四(1661—1715)统治时期最为著名。

英国[1]的情况和法国不同。英格兰从5世纪盎格鲁-撒克逊人占领开始,建立了许多小国,著名的有诺森布里亚、麦西亚、威塞克斯等。它们也互相攻伐,但这些国家都很快建立了自己的行政机构,中央有贤人会议辅助国王,有管理财政、行政、司法的

---

[1] 为了避免把问题复杂化,这里的英国只是指英格兰,苏格兰、爱尔兰不在内。

各种机构,地方上有郡、百户两级。它们创立了许多法律,有名的如威塞克斯王伊尼法典、麦西亚王奥发法典、威塞克斯王亚弗烈特法典等,还有大量的各种法律文书,教会也有大量的文件留传,所以是当时欧洲最有文化、最有完善管理机构的王国。1066年,诺曼底公爵威廉征服英国,他继承了盎格鲁-撒克逊的行政、司法系统,1086年进行了土地调查,建立了全国范围的封建土地所有制。国王是封建等级之巅,其他封建主的土地,直接、间接均受封自国王。王领的面积很大,估计占到全国土地的1/7。这里的大封建主被称为男爵,即使是大的男爵领,其土地也是分散各地,并不连成一片,所以不能像法国的诺曼底、布列塔尼那样,形成独立割据势力,国王的权力一直比较强大。[1]

英王亨利二世(1154—1189)除了是英格兰国王,还同时领有大陆上的诺曼底、缅因、安茹、阿奎丹等地,其领土横跨海峡两岸,史称安茹帝国。亨利二世推行军事和司法改革,加强国王的司法权,使王权强大。后来英王约翰(1199—1216)和教皇斗争失败,不得已向教皇称臣纳贡。大封建主不满约翰的作为,于1215年起来反抗,约翰被迫签署了《大宪章》。这一文件的主要精神是维护教俗封建贵族的特权,也照顾城市的利益。《大宪章》规定大封建主自己审理其封臣的财产纠纷,国王法庭不得干涉。不经教会和封建主的同意,国王不得额外征收协助金和盾牌钱。约翰根本无意履行《大宪章》,不久就在教皇的支持下将其废除,

---

1 参看马克垚:《英国封建社会研究》,北京大学出版社,2005年。

引起封建主的叛乱，直到1216年他死时也没有解决问题。后来《大宪章》不再被人提起，只是到了英国革命时，资产阶级才将它又捡起作为反对国王的工具。

爱德华三世（1327—1377）在位时，和法国陷入了长期的战争，史称百年战争。战争的原因一个是英法两国一直存在的领土纠纷，另外一个原因是争夺富庶的弗兰德斯的控制权。这一场战争起初英国取得胜利，后来法国人的民族意识抬头，出现了圣女贞德领导的运动，逐渐把英国军队赶出法国，英国在大陆只剩加来一个港口。法国取得统一。1485年，英国经过三十年的玫瑰战争，建立了都铎王朝（1485—1603），这时王权强化，议会长期不开，即使召开也成为王权的傀儡，国王独断专行，英国被认为进入专制王权时代。特别是女王伊丽莎白一世（1558—1603）时，她知人善任，在复杂的内外环境中处理国事十分成功，1588年打败了海上强国西班牙，使英国一举成为西欧的大国。

962年德意志国王奥图一世（936—973）率军到罗马支持教皇，被教皇封为神圣罗马帝国皇帝，从此德国就有了帝国的头衔。但实际上皇帝统治的地区分裂十分严重，封建诸侯各自独立，意大利诸城市也发展成为独立的国家，皇帝徒有虚名。但皇帝往往又要为建立帝国的统治和掠夺财富而出征意大利的城市。有名的皇帝腓特烈一世（1152—1190）曾经数次进攻意大利，1176年被意大利城市联军打得大败。腓特烈二世（1212—1250）以西西里为根据地，不大过问德国事务，他又和教皇多次发生纠纷。以后的德国更加分裂，皇帝为各个大诸侯所选举产生，他们都选举实力比较弱的人当皇帝,所以一直到近代,德国仍然是一个分裂的国家。

西欧的封建王权是神命王权,国王即位时由教会行加冕礼,并涂圣油,因此国王被认为是上帝在人间的代理人,是神惠的国王,人民应该无条件服从他。但一般主张西欧的王权有两种传统,一种是罗马传统,另外一种是日耳曼传统。罗马传统、神命王权,都是主张王权无限的。罗马法中对王权的规定就说,"君主喜欢的东西即具有法律效力,因为人民根据已通过的有关君主权力的君王法,将一切统治权和支配权授予了他","皇帝是不受法律约束的"。[1]所以君主只对上帝负责,没有人可以裁判君主行为的是与非,没有法庭、没有机构可以审判君主,臣民对他只能服从,即使是坏的君主,也只能等待上帝的审判。日耳曼传统则强调王权的有限性,主张王只是众诸侯中的一个,甚至不是最强有力的一个。他的行为受到许多限制,封建贵族的习俗的限制,特别是法律的限制。因为根据日耳曼传统,法律是早已存在的,即早已存在的习惯,所以无人能够制定法律,法律是寻找来的。王低于法律,受法律的限制,要尊重法律的各种规定。这两种传统使对西欧王权的讨论时常陷入两难境地。19世纪以来,西欧学者对这两种传统给予了各种各样的解释,现在比较有名的是厄尔曼的解释,即中世纪早期,是自上而下的传统占优势,当时是君

---

[1] D. 1.4.1 pr; D. 1.3.31. 见斯奇巴尼选编:《民法大全选译·正义和法》,黄风译,中国政法大学出版社,1992年,第66、62页。

权神授;而13世纪亚里士多德政治学说复兴,自下而上的观念就逐渐占了上风,形成了后来的宪政主义。[1] 实际上,当时的西欧国君究竟是权力无限的专制帝王,还是受各种力量限制的有限君主,要由具体的主客观因素决定。

西欧国家在法国革命前,大部分实行的是君主制,君主以个人的名义进行统治,这个名义由来已久,而且还具有神圣的光环。君主是上帝在人间的代理人,因此具有神性,所以英法的君主长期以来,能够为人治病。他们的手抚摸病人,可以手到病除。因为君主具有神性,所以他们也是不可侵犯的。法国的君主在路易十六被送上断头台之前,从没有被废黜和被谋杀。英法君主的统治是个人的统治,依据的是从中世纪起国王即有的特权(prerogatives),君主根据自己掌握的特权进行统治,就是说君主是唯一者,他的统治权是唯一的,不和别人分享的,所以他是一切国家事务的最后决定者,集行政、军事、立法、司法等权于一身。孟德斯鸠说的立法、行政权分立,既不符合英国、也不符合法国当时的实际[2],国王的特权,包括军事、外交、决定和战,立法和司法,任命各级官员、大臣,召集议会、三级会议等机关,建立各种需要的办事机构,调整工商业、发布有关的特权证书,控制、维护道路交通,以及对所喜者实行庇护,赦免各种罪行,等等,可以说是无所不包的大权。没有任何人在国王之上,国王

---

1 参看厄尔曼:《中世纪政治思想史》,夏洞奇译,译林出版社,2011年,译后记。

2 Henshall, N., *The Myth of Absolutism, Change and Continuity in Early Modern European Monarchy* (N. Y.: Longman, 1992), 153.

也不受任何人的干预，不受任何权威的干预，即使他做错了事也没有任何合法机关可以阻止他。[1] 当时英法等国都编定了各种法典，如英国格兰维尔、勃拉克顿编成的法律，法国布曼诺阿编成的《博韦的习惯》，德国的《萨克森之镜》等。这些习惯经过法学家的加工，或者统治者的批准，已经成为制定之律，成为大家遵守的规范。这时的君主制也被认为是专制主义的，所以后来西欧诸国发展成为专制主义的统治是有其自己的来源的。

（四）农民的情况

中国封建社会中的农民大部分是国家直接管制的百姓，即编户齐民。理论上他们是自由身份，可以有土地及其他动产，婚姻自由（一般由家长决定），法律上也平等，受国家法庭管辖。这和西欧封建时代的农民很不一样。

前已指出，西欧的封建王权将土地向下级封建主封授，并包括土地上面农民的管辖权，或者这些农民原来就是由封建主管辖的。国王只在自己王领内，管辖着其中的农民。

西欧中世纪的农业直接生产者一般被认为是农奴，现在的研究主张当时的农奴也没有过去的那么多，但在法理上仍然认为西欧农业生产者的代表身份是农奴。西欧中世纪，在人的身份问题上，沿用着罗马法的概念，即"人或为奴隶，或为自由人，二者

---

[1] 国王的特权参看布莱克斯通：《英国法释义》第一卷，游云庭等译，上海人民出版社，2006年，第七章。

必居其一"。其他的农业生产者即使不是农奴,也和封建主有人身依附关系,不是中国那样的受国家管辖的编户齐民。

综合考虑,西欧的农奴法律地位和经济状况大致如下:他是封建社会的独立小生产者,有独立经济,财产权已经得到事实上直到法律上的承认。他有自己的家庭,婚姻是合法的,但他对所耕作的土地没有所有权。为了能使用这块土地,他向封建主负担劳役,一般每周三日。农奴是一个不自由人,人身属于主人,从理论上说,他的人身归主人支配(但生命受到保护),主人可以将他出售、转让给别人。由于人身不自由,他要承担一些与此有关的义务。他在法律上和主人没有平等地位,无权控告主人,国家法庭不受理农奴案件,其案件由主人审判。他不得参军,没有手执武器的权利,只能作为随从为作战的主人服役,他也不得担任教会职务。在担任圣职前,应该先举行仪式,将他释放。

农奴人身不自由的法律地位是和他的经济负担直接相关的。他应该为领主服无偿劳役,每周三日,即无偿耕种领主的自营地;在农忙时节,还要服劳役,那就不是每周三日了,要帮忙直到把领主的农活做完为止。此外,农奴还得向领主交纳结婚税、任意税、继承税等。各种庄园还有自己的关于农奴应该遵守的陈规陋习,普遍存在的是圣诞节向领主交纳母鸡,复活节交纳鸡蛋,还有所谓禁用权,即农奴只能在领主的磨坊中磨面,在领主的榨酒器上压榨葡萄酒,在领主的烤炉上烤制面包,为了使用这些设备农奴都得向领主交纳相应的费用。农奴更大的一笔负担就是教会的什一税,内容很多,包括谷物、牲畜、蔬菜、水果,都应该将收成的1/10交给教会。此外，教会还会利用各种宗教节日、宗教仪式向农民敲诈勒索，收取各种费用。

除农奴之外，西欧中世纪各国还存在着各种各样身份的农民，对领主有不同的依附关系，甚至还有相当多的自由农民。但是，因为西欧封建主法理上领有土地，而且有领地审判权，所以，不管什么样身份的农民，包括自由农民，所耕作的土地都是领主的。为了耕作土地，他们都得向领主交纳地租，农奴交纳的是劳役租，其他农民交的则是各种实物，或者货币租；在法律方面，这些农民都受其居住土地上的领主的审判，最基层的庄园法庭掌握在领主手中，农民一般都在庄园法庭受审，因此罚金都归领主所有。

以上就是西欧封建制的特殊性。我们后面会看到，受压迫最厉害的农奴，在意识上也受封建思想控制。他们所感知的天地，就是封建教会对他们宣传的原罪、服从，尊敬国王、领主，为自己的原罪以及在尘世上再犯下的罪过不断忏悔，以求得到上帝的宽恕。所以，农奴在西欧的农民运动中，起领导作用的情况反而比较少，而自由农民、自由市民，往往是农民起义的倡导者、领导者。这个我们在后面再描述。

三 东欧的封建制度

现在的东欧一般指德国以东的欧洲，地势为一大平原，有河流、湖泊、丘陵分布其间。东南横亘喀尔巴阡山，现在这里也可以称为东中欧。喀尔巴阡山以南直到巴尔干半岛,地理上应该属于东南欧,但中世纪时这一地区的历史是和东欧密切相关的,制度上有许多相似之处,所以往往将它们一并论述。

中世纪时的东欧诸国多为斯拉夫人所建立,建国时间比西欧诸国要晚,大体上都在9世纪。在东欧国家的历史上,其他民族国家产生过不少影响,如东部亚洲草原上的游牧部族不断到此攻掠和定居,南部东罗马帝国文化传入,西部德国则有移民运动。德国封建主和民众不断从易北河以西迁徙而来,易北河直到奥得河这一大片区域,原来居住着斯拉夫人,而移民的结果,日耳曼人占领了西斯拉夫人的地盘,与之杂处,特别是在西斯拉夫人的城市中。

斯拉夫人包括东斯拉夫人、西斯拉夫人和南斯拉夫人,由于历史记载稀少,对他们的早期历史充满各种不同看法。[1]一般认为他们最初的居住地在奥得河、维斯瓦河、第聂伯河以及布格河流域,后来逐渐向外扩张,西抵易北河,东至顿河、奥卡河、伏尔加河上游,北达波罗的海,南到喀尔巴阡山。六七世纪时,游牧的保加尔人到达多瑙河下游,和当地的南斯拉夫人建立保加利亚王国,到12世纪,南斯拉夫人还建立了塞尔维亚王国。又有南下的游牧的马扎尔人,不断向西进攻,在多瑙河中游和斯拉夫人联合,建立了匈牙利王国。这些国家先后为16世纪兴起的土耳其所灭。

---

1 参看拜德勒克斯等:《东欧史》上册,韩炯等译,东方出版中心,2013年,第十章。

西斯拉夫人建立的国家为捷克和波兰。捷克人居易北河上游、摩拉瓦河等地，波兰人居奥得河、维斯瓦河流域。他们都于10世纪时建立国家，但他们崇奉天主教，所以发展和西欧的关系比较多。捷克长期依附于神圣罗马帝国，13世纪时势力强大，成为帝国选帝侯中七大选帝侯之一。波兰在教皇和皇帝的斗争中支持教皇，后来的发展和神圣罗马帝国逐渐疏远，和俄国关系密切，而且为争夺土地和俄国的王位，双方发生过多次战争。它的发展路线和俄国比较接近。

我们的农民战争叙述中的主要对象之一是俄国的农民战争，故使我们要将俄国的情况多介绍一些。

（一）从基辅罗斯到沙皇俄国

俄罗斯源自东斯拉夫人。6—9世纪，东斯拉夫人占据着今俄罗斯西部等地，以及乌克兰、白俄罗斯。在这片土地上，有所谓"从瓦良格人到希腊人之路"，据说瓦良格人是居住在斯堪的那维亚半岛上的北欧人，也称诺曼人。当时沿芬兰湾的涅瓦河到拉多加湖，有一条水路，可经第聂伯河进入黑海，到达君士坦丁堡，北欧人沿这条路和东罗马人进行贸易。沿这条水路居住着许多东斯拉夫人的部落，后来逐渐发展成为国家。在罗斯国家形成的过程中，有所谓诺曼起源说，即根据《往年纪事》记载，居住在那里的斯拉夫人起初向诺曼人纳贡，后来他们逐走了这些人，不再纳贡了，可是他们自己陷入了混乱，于是就又请瓦良格人前来统治，罗斯人派了三兄弟前来统治，其中的留里克统治了诺夫哥罗德。[1]882年，留里克的后裔奥列格南下占领了基辅，形成基辅罗斯国家。

基辅罗斯征服了附近的一些小国，它的领袖因而被称为大公，下面各小国的领袖是王公，下面还有贵族组成的亲兵。这些贵族和王公有大事一同商量，其组织形式被称为杜马。王公的居留地后来发展成城市，城市中有商人和其他居民，城市也有自己的组织卫切，是一种人民大会。各城市的卫切命运不同，许多服属于王公的统治之下，但也有如诺夫哥罗德、普斯科夫的卫切，曾经长期保持独立。

12世纪，基辅罗斯国家逐渐瓦解成一些独立的小公国，13世纪蒙古汗国崛起于漠北，不久征服了俄罗斯。但蒙古人采取的是松散的统治形式，俄罗斯各王公仍然在自己的地区统治，蒙古派有驻扎在各公国的代表，按时征收贡赋；并且从各王公中选择一人，封为弗拉基米尔大公，作为各王公的首脑。罗斯各王公为争取得到大公地位，争相向蒙古人讨好，互相排挤打击。在斗争中，莫斯科的王公逐渐取得优势，伊凡·卡里达（1328—1340）帮助蒙古人镇压特维尔的起义，取得大公封号，并替蒙古人向各公国征收贡赋，同年又把东正教的首领搬迁到莫斯科，使莫斯科成为全国宗教中心，日益强大。伊凡三世（1462—1505）最终摆脱蒙古人的统治，使用沙皇称号，并吞了诺夫哥罗德，当地的卫切被取消。伊凡四世（1533—1584）实行了一系列改革，打击大

1　拉夫连季编：《往年纪事》，朱寰等译，商务印书馆，2011年，第14页。

贵族势力，培养服役贵族，建立政府管理机构和制定法律，东向并吞喀山汗国和阿斯特拉罕汗国，西向为夺取出海口，进行了长期的立窝尼亚战争。由于战争不利，沙皇实行特辖区制度，把全国土地划分为两部分，其中一部分为沙皇特辖区，另一部分为普通区。他在特辖区内用恐怖手段消灭了许多大贵族及其家人、奴仆，在全国诛杀无辜，得到了"恐怖的伊凡"的称号。

罗斯的统治者起初称为王公（Князь），这个词的意思是武士、酋长等，可能来自北欧。那时有许多独立的公国，各公国的首领都称为王公，没有什么差别。13世纪蒙古人统治时期，莫斯科王公逐渐有了大公的称号。伊凡三世时，采取各种手段，陆续建立专制统治的思想和理论。他在1467年和已经灭亡的拜占庭帝国的公主、侨居罗马的索菲娅结婚，由此自认为是拜占庭帝国的继承者，一方面自称"全罗斯的君主"，另一方面也自称沙皇，沙皇是罗马皇帝恺撒的音译，意味着他是帝国的皇帝。当时莫斯科国家的御用思想家们创造了不少的传说，来宣传君主的正统统治。莫斯科编年史上说罗马皇帝奥古斯都把自己的弟弟普鲁士分封在维斯瓦河沿岸，而普鲁士的支系就是留里克家族，这样把基辅罗斯和罗马联系起来。伊凡四世时的莫斯科编年史更说，在基辅王公弗拉基米尔·莫诺马赫（1113—1125）时曾经和拜占庭作战，拜占庭皇帝派遣君士坦丁堡总主教，把自己的皇冠和其他宝物等封赠给弗拉基米尔，从此莫斯科君主就戴上了罗马皇帝的皇冠，自称莫诺马赫，以后莫诺马赫皇冠就成为俄罗斯皇权的象征之一。普斯科夫修道院的修道士菲洛费伊宣传三个罗马的思想，即第一个罗马——罗马帝国因为信奉异教而灭亡；第二个罗马——君士坦丁堡的教堂之门也被伊斯兰教徒的战斧劈开；伊凡三世的莫斯科是第三个罗马，要使宇宙之内、普天之下永远照耀着东正教信仰的光辉；而第四个罗马永远也不会有。[1]

伊凡三世力图继承罗马帝国君主的统治方式，他仿效拜占庭的宫廷仪式，头戴莫诺马赫皇冠，坐在镶嵌宝石的皇座上，让下级对他顶礼膜拜。他建立君主位置的世袭制度，原来已经存在的是长子继承制，但因为长子不幸早死，留下孙子季米特里，另外还有索菲娅的儿子瓦西里，于是伊凡三世建立了两条同样有效的继承办法，一条是长房的代表——孙子；另外一条是二房的代表——儿子。为了巩固季米特里的继承地位，伊凡三世还于1498年为他举行加冕仪式，称他为沙皇。可是因为索菲娅的干预，季米特里被贬黜和监禁，而瓦西里当上了沙皇，由此开启了莫斯科的皇位继承由君主决定的办法。

伊凡四世被称为"恐怖的伊凡"，是俄国历史上有名的暴君，一般认为从他统治开始，俄国即建立了君主专制。他即位初年，是大贵族管制国家的时期，大贵族内部不断斗争，引起混乱。1547年，伊凡加冕为沙皇，亲自掌握政权。他起用服役贵族，以削弱波雅尔大贵族的力量；把莫斯科附近的大片土地封赏给服役贵族，使他们成为可以依靠的亲信。1556年，颁布新的兵役法，规定无论是世袭领地还是服役贵族的封地，均须按照土地面积大

---

[1] 克柳切夫斯基：《俄国史教程》第二卷，贾宗谊等译，商务印书馆，1997年，第124—125页。

小向政府出骑兵，每150俄亩出骑兵一名。既加强了骑兵军力，又取消了大贵族的特权。在强化兵力的基础上，伊凡四世开始向外扩张，1552年占领喀山汗国，1556年并吞阿斯特拉罕汗国，控制了乌拉尔以西地区，打开了侵略西伯利亚的门户。

为了向西谋取出海口，伊凡四世于1558年开始了立窝尼亚战争。当地的骑士团势力已经衰落，但是附近的波兰、立陶宛、瑞典、丹麦都想占领它。战争开始时俄国取得胜利，引起波兰、立陶宛的干涉，而后战争逐渐失利。前线指挥官库尔布斯基亲王叛变，投归立陶宛。1564年伊凡以退位相威胁，迫使大贵族杜马答应了他实行特辖制的要求，即把国土划分为两部分：普通区和沙皇特辖区。特辖区占领的是发达城市和富庶之地，在它里面的大贵族领地被强迫迁徙到不毛之地，许多反抗的大贵族被严厉镇压，连带那里的仆役、农民也一并被杀死，造成很大破坏。由于对反对他的大贵族实行了灭绝性的屠杀，殃及大批无辜民众，国民经济也大受损害。

一般认为伊凡四世建立起专制统治。他的政治思想可以从他和库尔布斯基的辩论中看出来。库尔布斯基本是沙皇依靠的重臣，而且二人从小在一起长大，但因为在立窝尼亚战争中失利，所以叛变，并且写信大骂伊凡四世，伊凡也回信咒骂库尔布斯基的背叛，宣传自己的统治思想。库尔布斯基对沙皇的责难，从政治原则上看，就是他的行事没有征求大贵族的意见，而只有同大贵族杜马共同商议国事，才能管理好国家，才是君主应该做的。而伊凡四世的意见，则是国家应该由他来统治，根本不需要这些贵族或其他人的参与，国家是神的恩赐和沙皇家族的，由沙皇一人治理，宫廷中的臣下都只不过是奴仆，而且这种制度始于很早的时代。伊凡认为，神授的专制权力不仅具有政治使命，而且具有宗教道德使命，沙皇手持宝剑，用以赏善罚恶，所以专制君主既不能残暴，也不能无原则地温顺。[1]

俄国是东欧国家，生长在东欧蛮荒之地，生产力落后，文化鄙陋，国家形态长期不发达，贵族势力庞大，所以政治上的统一、集权相对困难。土地广大，人口稀少，农民虽然受封建主剥削，但也有充裕的空间可以出走，而且公社传统对农民也起保护作用。在严酷的自然条件下，农民生活困苦，也好勇斗狠，时常起而反抗，特别是哥萨克在反抗中起了领导作用。

俄国政治集中、统一的趋势时常被贵族的反对所打断，被打断之后，又总有新的统一努力，而这种努力往往采取特别的方式，这就是俄国从地方割据的国家向统一的国家过渡呈现的特点。前述莫斯科国家的伊凡三世、伊凡四世是这种统一努力的开始。伊凡四世死后，其子费多尔继位，费多尔1598年去世后，无人继承皇位，于是选举戈都诺夫为沙皇。接着发生了伪季米特里事件，农民起义、外族入侵、民不聊生，进入所谓大混乱时期，后来选举波雅尔叔伊斯基为沙皇。1610年叔伊斯基被推翻，又选举了沙皇罗曼诺夫，进入了罗曼诺夫王朝（1613—1917）。

沙皇米哈伊尔（1613—1645）及其后阿列克塞·米哈伊洛维

---

[1] 克柳切夫斯基：《俄国史教程》第二卷，贾宗谊等译，第164—168页。

奇（1645—1676）统治时，进行了集中、统一的斗争，削弱波雅尔势力，和波兰、瑞典进行战争，占领了东乌克兰。阿列克塞的儿子费多尔·阿列克塞也维奇（1676—1682）任沙皇，他体弱多病，贵族们又争权夺利，为控制皇位而斗争。但费多尔统治的最后三年，仍然表现出他是一个有为的沙皇，进行了一系列集中、统一的工作，可惜他于1682年去世。费多尔去世后，波雅尔贵族围绕着皇位继任人选又展开斗争。费多尔的两个兄弟彼得和伊凡同时被任命为沙皇，以平衡两派的势力。但实际掌握政权的是他们的姐姐公主索菲娅，支持她的是波雅尔米洛斯拉夫斯基集团。索菲娅统治时期（1682—1689），她和她的大臣戈里津也仍然想强化皇权，进行改革，削弱贵族力量；加强法治，改进审判程序，继续建立正规军的措施；改善农民的地位，禁止将逃往城市的农奴归还地主。戈里津还设想改农民的劳役租为代役租，以让农民在人身上和经济上获得更多自由。在文化和教育方面也向西方学习，提高这方面的水平。在对外方面，和波兰签订了"永久和约"，占领了基辅，两次远征克里木，奠定了以后和克里木汗、土耳其的斗争，寻求前往黑海的通道。

1689年，彼得经过斗争，掌握了政权，是为彼得一世（1682—1725）。他是一个有作为的皇帝，全力向西方学习，自己本人化装为工人，到英国工厂中学习。他使用非常手段，实行许多改革；和瑞典进行长期战争，最后打败了瑞典国王查理十二，取得胜利。在波罗的海取得出海口，建立彼得堡。他被尊称为国父，有皇帝的尊号。但他的许多措施也给人民造成巨大的负担，在位期间发生了多次人民起义，统治阶级内部也不乏反对他的阴谋。由于皇太子反对他的西化方针，彼得甚至处死了自己的儿子，使皇位继承无人，这样给国家造成不稳定，所以他规定由皇帝本人指定继承人。可是，具有讽刺意味的是，彼得自己没有来得及指定继承人就去世了，他死后仍然发生了又一轮的内部斗争。

从伊凡雷帝到彼得大帝，七位沙皇都是由选举产生的。选举的原因或是国家有难，或是贵族内部斗争，说明俄国贵族势力一贯强大，而专制的皇帝其权力也受到制约。所以克柳切夫斯基说，沙皇的权力既是选举的，又是继承的；既是专制的，又是受限制的。[1]

彼得大帝死后，为立帝位各派贵族展开新一轮斗争，结果由彼得的第二任妻子叶卡捷琳娜继位（1725—1727）。她是个文盲，政权完全掌握在以彼得的重臣缅什科夫为代表的最高枢密会议手中。叶卡捷琳娜去世后，又立彼得的孙子为沙皇，是为彼得二世（1727—1730），时年才12岁。彼得二世不幸犯病，很早去世，贵族经过复杂的争夺，迎立彼得的侄女、寡居在德国的安娜·伊凡诺芙娜为女皇（1730—1740）。她不理朝政，引用大批德国人进入宫廷，使德国人掌握了俄国的行政、军事大权，俄国贵族大为不满。1741年，彼得一世的女儿叶丽莎维塔带领近卫军冲入宫廷，实行政变，当了女皇（1741—1761）。她号称要恢复彼得大帝的改革措施，但实际上只不过是赶走了德国贵族，任用俄国贵族而

---

[1] 克柳切夫斯基：《俄国史教程》第三卷，左少兴等译，商务印书馆，1996年，第80页。

已。她生前就立自己的姐妹和德国人所生的儿子为继承人，死后作为其子即位，称彼得三世（1761—1762），彼得三世半年后被他的妻子带领近卫军废黜，他的妻子，一个德国小公爵的女儿，当了俄国女皇，这就是著名的叶卡捷琳娜二世（1762—1796），她的统治被称为开明专制。

从彼得大帝到叶卡捷琳娜二世，短短的三十七年之间，俄国宫廷政变之多，是其历史上所罕见的，各党派、各贵族集团，经过你死我活的不断斗争，最后终于稳定下来。

向西方学习使俄国进步，但是保守的传统势力累累反对过度倒向西方，几经反复，俄国终于走向现代化的大道。不过俄国仍然保留了许多落后的传统，在发展中属于落后的帝国主义。

（二）封建地产

俄国封建主的土地原来主要是王公、大公的世袭领地，王公、大公自己一般不经营地产，他们的收入来源是向领地上的所有居民收取代役租，有货币，也有实物。15世纪末，在诺夫哥罗德地区，一个农户每年交纳的实物代役租为黑麦二筐，燕麦二筐，小麦和大麦各一俄石，公绵羊一整只，母绵羊一整只，一头牲畜的1/4的肉，油一勺，干亚麻两把，半戈比铜币五枚和一些干酪。14世纪东北罗斯的农民所服劳役有在封建主的庭院里建造房屋，给庭院围木桩墙，打野兽，割草，晒干草，搬运木头，等等。[1] 封建

---

[1] 马夫罗金：《俄罗斯统一国家的形成》，余大钧译，商务印书馆，1991年，第21页。

主自己的庄园经济,则由奴仆(荷洛普)劳动,另外,荷洛普也进行名目繁多的手工业劳动。

当国家发展起来后,国家(大公)的负担就和封建主的负担分开,农民对国家的负担就是赋税,这些赋税由原来的代役租转变而来,名目繁多,主要的实物税是奥勃扎或维季,这是土地的面积单位,也是税收单位,是按照土地优良程度计算产量而确定的单位,所以各地情况不同。同时还把农民劳动力状况、牲畜数量、家庭财产等都估计在内,情况就更为复杂。这些计算下来的数目交给农村公社,由公社分配各户进行征收。农民负担的劳役包括建筑堡垒、警务、运输徭役,另外,对国家派来的行政官员,还有一种供养制,要实物和货币供应。[1] 后来许多黑地农民(国有农民)逐渐沦落到私家封建主下面,于是他们既负担国家的赋税徭役,也受封建主的剥削,情况更为悲惨。

前已指出,俄国的大贵族原来领有的是世袭领地,这些领地因为再分封、继承等关系不断分裂,莫斯科国家又对桀骜不驯的大贵族不断打击,其数量逐渐减少,同时服役贵族冉冉升起,服役地产逐渐取代世袭地产,这是因为服役贵族有服军役的义务,适应了国家扩大兵力的要求,虽然世袭领地制在17世纪一度复活强化,但世袭领地也需要服军役,和服役领地逐渐合流。到17世纪中期,私家世俗地主中的世袭地产仍然占20%—40%。[2]

---

1 Blum, J., *Lords and Peasants in Russia* (Princeton: PUP, 1972), 104–105.
2 Под Ред., Барг, М. А., История Крестьянства в Европе, том II, Москва: наука, 1986, стр. 428.

另外一个发展的结果就是国有地不断减少，私有地（封建主的土地）不断增加。国家为了吸引服役贵族服役，把黑地不断分封出去，而原来的国有农民也因为各种原因无法维生，投靠到地主门下，教俗封建主更采取各种巧取豪夺手段，逼使农民投靠其下。据1678年的统计，国有农民只有30万男性，占欧洲部分农民的7.6%，而在乌拉尔河和伏尔加河一带向国家交纳皮毛税的农民（雅萨奇）只有23万男性，占5.9%。私家封建土地包括世俗地主土地、教会土地和宫廷土地，世俗地主农民有230万男性，占欧洲部分农民的58.5%，或占全部私家农民的67.7%；教会领地农民为70万，占欧洲部分农民的17.8%，或占全部私家农民的20.5%；宫廷农民为40万，占全部欧洲农民的10.2%，或占全部私家农民的11.8%。[1]

从16世纪开始，俄国的封建地产经营中出现了变化，自营的成分不断增加。到了17世纪，自营地的经营更为扩张，世袭领地比服役领地的自营面积要大，修道院领地依然是自营地中面积最大的一种，例如大贵族莫罗佐夫（1590—1661）的地产。他通过继承、受封赏、购买等手段，成长为仅次于沙皇的大地主，共有8万俄亩土地，散布在19个县中，有农户9000户，5.5万人。他亲自经营，在莫斯科向各地的主管下达各种指示，收取各种记录，他的自营地各地情况不一，但一般要求每6—8户农户耕作3俄亩地。他出卖酒和碱，并且还出卖铁器制品，为此雇用德国和波兰

---

[1] Под Ред., Барг, М. А., История Крестьянства в Европе, том II, стр. 427.

工人，像一个企业家。[1] 当然更多的地主是出卖自己生产的粮食，以换取自己需要的工业产品。

总之，由于农奴制的束缚，俄国的农业和工业都不能得到健康的发展。

（三）农民

讨论俄国的农民，就要讨论俄国的农奴制。俄国的农奴制有其特点，它的极盛期为17—19世纪，当时西欧的农奴制早已衰落瓦解，而俄国的农奴制却如日中天，和它的资本主义经济有共生关系；另外，西欧的农奴制基本上是自发形成的，而俄国的农奴制在自发形成的基础上，又加上了国家的法律规定，于是就具有十分严酷的形式。

莫斯科公国时期，农奴制不断发展，所谓东北罗斯地区地广人稀，森林茂密；南部是广大的草原，一样是人烟稀少，一些居民点往往只有两三户人家，甚至有大量的独户村。由于生产力落后，农民依附于地主以获取生产资料、种子甚至生活资料，来维持生产和生活。但因为人烟稀少，农民摆脱依附也不是很难的事，对待不满意的主人，他们选择逃跑或自由离开，到别处另找工作，而封建主也感觉到，劳动力是比土地更重要的资源，所以也给予农民以优惠条件，吸引他们前来工作。在服役贵族兴起后，他们和波雅尔贵族争夺农民和土地的斗争日趋激烈，农民的

---

[1] Blum, J., *Lords and Peasants in Russia*, 215-216.

自由流动对国家、对统治阶级都形成威胁，为了统治阶级的利益，国家起而加强农奴制。

农民的自由流动，根据农业生产的特点，形成了一定的习惯，即一般在秋收工作完成之前，农民不能离开，地主也不能强迫农民离开，以免给双方都造成损失。1497年法典规定了尤里日（俄历11月26日），即在这一天的前后一周内，农民在完成秋收工作，结清账目、债务后，可以离开主人，到别的地方谋生。后来这一规定逐渐加码，除了清算账目，农民还得交一笔赎金。到1581年实行禁年令，即农民于尤里日出走的权利被取消，这本来只是临时措施，但后来多次重复实行，农民越来越被固定在土地上。

一般认为俄国农奴制最终形成于1649年会典的颁布，该会典确认了以前有关农民的一系列法令，主要内容有：1.取消追捕逃亡农民的时限，地主有权把逃亡农民和他的妻子以及家庭中的其他人，还有他的财产，甚至包括他带走的收获的谷物一并追回。而如果逃亡期间农奴的子女结婚生有子女，则连子女也要归还给主人，这就意味着农奴及其家属世代是主人的农奴，他的财产也属于主人。2.农民丧失了迁徙的权利，农民连同家属都不能离开他的主人。3.地主有权转移农民，地主在购买和出卖土地时，土地上的农民也随之转移。4.农民在法律上的权利几乎被完全剥夺。本来农民就受其领主的审判，只有极其重大的罪行除外。法典更规定，如果农民和领地外的人发生纠纷，由领主代表，也就是由领主进行审理以求解决。5.农民虽然被农奴化，但是仍然要向国家交纳赋税,如果农民不交或者逃亡,则地主应该补足,这是俄国农奴制不同于西欧农奴制的一大特点。在兵役制度改革后,俄国的农奴还要服兵役。所以俄国农奴制和自发形成的西欧农奴制有许多不同,表现为更为严酷的形式。[1]

17世纪俄国的农民分为国有农民、宫廷农民、地主农民三种。国有农民是不是农奴,有不同看法。宫廷农民和地主农民则都是农奴,只是他们归属不同而已。根据1678年的统计,俄国有88万余城乡纳税户,其中工商户和国有农民占10.4%,属于教会的农民占13.3%,宫廷农民占9.3%,大贵族的农民占10%,服役贵族的农民最多,占57%。[2]农奴占到农民总数的9/10,这可不是一个小数目,这比西欧各国农奴制盛期的数目要大得多。

彼得大帝时,战争频仍,军费开支不断增加,又大兴土木,对农民的税收加重。从1724年到1794年,每个男性农民交纳人头税70戈比。通过购买食盐,1731—1749年,每个男性农民交纳间接税12戈比,两项折合取走农民粮食3.9普特,这样税收增加了五六倍。[3]后来因为修建彼得堡和建立海军,又向农民搜刮,1707—1710年,每名男性农民交纳3.1普特粮食;1710—1716年,交纳5.6普特。由于国税剥削惨重,农民生活水平随之下降。据估算,农民人均耕种土地1.8俄亩,服劳役者这时为大多数,须为地主耕种

---

[1] 克柳切夫斯基:《俄国史教程》第三卷,左少兴等译,第180—185页;Blum, J., *Lords and Peasants in Russia*, 262-265。

[2] 克柳切夫斯基:《俄国史教程》第三卷,左少兴等译,第232页。

[3] Нефедов, С., Истории России: Факторный Анализ, Том. II, Москва, 2011, стр. 105.

0.4俄亩，自己耕种1.4俄亩，因为收成下降，只能得到粮食18普特，各种支出共计15普特，只余3普特。如何能交纳5.6普特的国税呢？所以不得不动用农民为应付荒年储备的粮食。代役租农民耕种1.8俄亩土地，收获粮食23普特，交纳税收和代役租要4.5普特，剩余13普特，也难以维持生计。所以农民大量破产、逃亡，或者跑到农奴制工厂当工人，或者去当兵，农民起义不断发生。[1]

俄国农奴制的特点之一，就是1649年会典颁布之后，农奴的地位还在进一步恶化。在所谓的开明专制统治的叶卡捷琳娜二世时达到了受奴役最严重的时期，地主可以不经审判把农民送往西伯利亚服苦役，逃跑和欠交税赋是犯罪行为，逃跑者被抓到后要受割耳、挖鼻等刑。农奴是其主人的财产，买卖农奴成为农奴主的获利事业，出卖农奴的广告报纸上刊登。在地主庄园中笞打、监禁、处罚农民是经常的事，甚至在买卖农奴时拆散其家庭，虽然后来国家也有限制地主滥用权力的一些规定，但收效甚微。叶卡捷琳娜还向克里米亚、乌克兰、伏尔加河流域、乌拉尔地区大量移民，把那里的大片土地封赐给贵族，许多农民被迫成为农奴，俄国农奴制得到进一步的发展。俄国还把农奴大量应用于工业生产，彼得大帝时就把国有农民拨付工厂从事生产，以解决劳动力不足，后来私人工厂也买卖农奴，农奴成为工厂主的私有财产，永远归其所有和使用。

俄国农民的另外一个重要特点，就是有稳固的农村公社组

---

1 Нефедов, С., Истории России: Факторный Анализ, Том. II, стр. 113–117.

织。农村公社是历史学上的一大问题。俄国农村公社,大概从基辅罗斯即已有迹可循,但公社究竟是一直发展下来,还是中间有所中断、改变、重组,关于其结构、社会作用,土地重分制度,一直争论不休。我们可以说明的,就是俄国农民一直有自己的公社组织。这种公社组织有两方面的内容,一方面是农民自己的自治组织,起着维护农民利益的作用;另一方面,公社又是政府组织,向农民征收各种赋税,完成对政府的一应任务。特别是1861年改革,肯定了农村公社的性质后,农村公社更具有了政府最低一级机构的性质,这是和西欧的农村公社不能相比的。俄国农村公社,是有严格土地重分制度的,所以俄国农民一直缺乏自己的土地所有制概念。农民按照家庭情况,可以得到公社分配给的土地,按时耕作,也要按时完成公社分配的各种义务,大都是国家赋税和劳役等,而且有连环保制度,如果有农民逃亡,其他农民要分担他的义务。土地分配实行定期重分,因为过一段时间后,人口、家庭情况有所变化,所以土地也要调整,定期重分的时间各地不一,有的很长,有的两三年就重分一次。俄国农民的农村公社,是他们在阶级社会中具有的自然就有的团结反抗的组织,曾经发挥过重要作用。[1]

逃亡是俄国农民的一大特点,因为逃亡而形成了农民中的特殊阶层——哥萨克。逃亡农民大多数是从莫斯科附近各县向南部

---

[1] 详情可参看曹维安:《俄国史新论》,中国社会科学出版社,2002年,第六章;金雁等:《农村公社、改革与革命——村社传统与俄国现代化之路》,中央编译出版社,1996年。

和东南部边远地区逃亡,这里是俄国和鞑靼人、土耳其人争夺的地区,有大片草原、沼泽,逃亡者到来后从事狩猎、捕鱼、养蜂以维持生计。他们被称为"哥萨克",这一名词是土耳其语,意指流浪者、没有正常生计的人。在艰难困苦的情况下,时常要为生活进行战斗,他们逐渐武装起来,养成好勇斗狠的习惯。他们和鞑靼人、土耳其人,因为宗教信仰不同,时常发生冲突,因为生活,也对这些人进行抢劫。哥萨克人日渐增多,他们按照公社传统,自己组织起来,成为具军事性质的组织。他们自认为是自由人,彼此之间平等,重大事件由群众开会决定。首领称统领,有权率领大家作战,指挥战斗。在第聂伯河沿岸的波兰边界处,有大量哥萨克,许多是从乌克兰来的。在顿河中下游,有查波罗什哥萨克,他们大多是俄罗斯农民。在伏尔加河沿岸也有许多哥萨克居住、活动。哥萨克成为沙皇俄国的一个威胁,俄国政府也竭力想利用哥萨克,向哥萨克赏赐粮食、金钱、武器,让他们保卫边疆。但也有许多哥萨克并不接受招安,仍然过着独立、自由的生活。即使被登记成为沙皇服务的哥萨克,也仍然保持自己的独立性。在边界地区的哥萨克,以及这里大量的流浪农民、奴仆等,是农民起义的主要力量。

(四) 城市和工商业

俄国的城市和世界上其他地区的城市一样,最初也是一个设防的居民点,称格勒(город)。里面的居民首先是王公、贵族及其仆从等,然后还有在附近耕作的农民,逐渐也发展起有限的工商业活动，这些工商业活动是农民同时进行的，后来才有专门的工商业者在这里居住。所以这种城市说它们一开始就是工商业中心是不妥当的。因为统计材料缺乏和定义不同，16—17世纪俄国有多少城市，各家所说不一，也难成定论。[1]

俄国城市和西欧中世纪城市有所不同，它是由政府管理的，不是什么西方式的自治公社（commune）。城市的中心是一个设防的城堡建筑，被称为格勒或克里姆林，其中央有城市军政机关、部分显贵住所，也有部分居民。这外面是关厢部分，被称为посад，是工商业者居住的地方，一般由城墙环绕，或者内部还分成几个区域。关厢外面是居民区，许多情况下也是由城墙围绕的，称слобода，有时也有几个слобода。所以，俄国古代城市是由若干区域构成的，有点像是我国古代城市的坊市制。

城市内的居民首先是显贵阶层、王公贵族等，他们多居住在莫斯科，有自己的宅第，有许多仆从、服役人员、侍者等为之服务；有些王公贵族则主要居住在自己乡下的庄园内，在城市中保留一个住处，以便沙皇召见时前来，平时则由他们的奴仆管理。其次是教会人员，各城市中都有教堂和修道院，甚至不止一处，所以居住在城市中的教会贵族和教会执事人员、服役人员也是大量的。

关厢居民主要是工商业者。在莫斯科，最大的商人被称为гости，译作大客商，他们组成大客商会和呢绒商会，替国家进行商业活动，受国家委托到各地征收关税，出售国有皮毛，进行国

---

[1] Perrie, M. edited, *The Cambridge History of Russia*, vol. 1 (Cambridge: CUP, 2006), 300, 580.

际贸易，或者到地方上管理关厢纳税民的税务等。他们是商人中的特权阶层，不过他们一样也需要为国家纳税服役。[1]一般城市中的工商业者被称为关厢纳税民（посадские люди тяглые），有小商人和小手工业者，他们按照财富划分为三个阶层，既有权利进行工商业活动，也有义务向国家纳税。根据1649年会典的规定，只有关厢纳税民才可以进行工商业活动，其他人是不可以进行的，乡下农民可以把自己的农产品运进城市中在车、船中销售，不能到市场和店铺中销售。原来的教会服役人员，教会人员的子女，居住在城市教会土地上从事工商业活动的人员，还有军事人员，如射击军、哥萨克及其他军事人员等，本来就从事工商业活动的，他们被称为白民，和被称为黑民的关厢纳税民不同，他们从事工商业活动，但是不负担纳税和服役义务，因为他们是依附于教会或王公贵族的人员，只对教会和王公贵族负担相应的义务，所以不负担国家的义务。但是1649年会典规定，这些人也要登记为关厢纳税民，负担国家义务，只有射击军有一些例外。

城市的管理由国家派遣的行政长官（наместники）主持，他同时也管理附近地区（уезд），或称为县，其工作主要是征收赋税，称тягло，也向下面派遣人员。这些人员由地方负责供应，即供养制（кормление），1556年供养制被废除，行政长官后来也被总督取代。

---

[1] 参看克柳切夫斯基：《俄国各阶层史》，徐昌翰等译，商务印书馆，1990年，第126—128页。

城市中的工商业活动各种各样,莫斯科作为首都,其工商业活动最为突出,据说16世纪时就有8万居民,是欧洲的大城市之一。它的商业联系着全国各地和国际。它的手工业也十分发达,在许多作坊中,有专门为政府工作的手工业,如武器制造、军服制造,还有供应宫廷的珠宝业、为教会服务的圣像画等绘制,这些手工业者是专门为政府服务的,也从政府得到实物和货币支付,他们不或者很少从事商品生产活动,类似于中国古代的官营手工业。

古罗斯国家以商业著称,有所谓的"从瓦良格人到希腊人之路",即从斯堪的纳维亚到君士坦丁堡的商路,起初是瓦良格人的王公沿着这条水路航行,从芬兰湾进入黑海,直抵君士坦丁堡,进行贸易,有时也实行抢劫。后来罗斯的王公继续这样的贸易,把毛皮、蜂蜜、蜡等运到拜占庭出售,输入丝绸、呢绒、金银器、香料等。另外,由于俄国生产相对落后,农业与手工业没有分离,所以农民往往同时生产自己需要的手工制品,如盐、酒、鞣皮、纺织品,制造各种木质器皿,这些东西除自用外,多余的也拿去出售。这样就使得俄国形成全民经商的传统,所以16、17世纪的西欧人初到莫斯科国家,十分惊异于俄国无论尊卑,都从事商业活动,甚至认为它将成为一个商业大国。[1]但另一方面,俄国的工商业总的说来又不够发达,因为它被沙皇、王公、波雅尔等垄断,在他们的地产上的一切商品,都由他们进行

---

1 Pipes, R., *Russia Under the Old Regime* (N. Y.: Macmillan, 1992), 192.

贸易，不容其他人染指。后来兴起的大客商、呢绒商等，都是受到政府支持的特权商人，像16世纪的斯特罗甘诺夫家族，是大盐商，垄断了西伯利亚的大盐矿，取得丰厚的利润，逐渐取得了其他有利可图的行业，发了大财，也向国家交纳许多税款。这些大商人还要负责经营国家垄断的行业，如出售国家专营的皮毛、酒类，以及在国内征收关税等，如完不成任务，就要以自己的财产担保。

随着生产的进步，17世纪俄国的工商业得到不少发展，地区性的分工自然使得商品交换发达，制盐业、捕鱼业、皮毛业、烧碱业、木材业等，都有了专门的地区，出现了一些专门化的手工业农村，专门生产木器、铁器、纺织品等。这时俄国的工场手工业有几类，第一种是在封建主领地上的企业，使用农奴劳动；第二种是官营手工企业，制造武器、金银器、纺织品等，这里使用的也多是国家管理的工人，他们不能自由离开；第三种是商人建立的企业，也有外商建立的企业，他们使用的多是雇佣工人。但占优势的是官办企业，向政府供应产品，使用农奴生产，只有少量剩余产品进入市场。彼得大帝向西方学习，加速发展工商业，建立了一些国营工厂，主要是制造军需品的工厂，如冶金、制造大炮等武器开办纺织业工厂（制造军服），由此形成了四个工业区：图拉、奥洛涅茨、乌拉尔和彼得堡。他也吸收外国商人前来建立工厂，包括荷兰人和英国人等。俄国的地主也逐渐开办工厂，他们的工厂大都建立在自己的封建领地上，主要是制造酒、呢绒、皮革、亚麻等的小型工厂。18世纪后期，俄国的冶金工业有很大的发展，工厂数目达到2100个，其中有不少大型工厂，技术先进，工人数达到2000—5000人。这时俄国的铁年产量达到16万吨，在市场上排挤瑞典的铁，是世界上生产铁最多的国家。[1]俄国的工业这时仍然带有很大的封建性，私人企业家和封建主设立的工厂，其中使用大量的农奴工人，即不自由的劳动者，他们是被强迫前来工作的，人身不自由，只能领取部分货币工资，另外还有自己的小块土地、菜园等，靠种植这些土地维持生活。他们不是自由的雇佣劳动者，资本主义在这里发展不起来。

---

[1] Сахаров, А. Н., История России, Том. I, Москва, 2012, стр. 499.

第二章
农民战争的原因

封建社会是阶级对立的社会，封建主和农民是对立的两大阶级。封建主是剥削者，农民是受剥削者，农民反抗封建主剥削、压迫，应该说在封建社会中是常见的，布洛赫甚至说，就像是资本主义社会中的工人罢工一样。[1]但是，我们应该把一般农民的抗租、抗税、消极怠工、逃亡等零散的反抗和爆发为农民起义、农民战争的大规模反抗区别对待。大规模反抗的爆发，就应该寻找其背后的原因，而且一定有原因存在。另外，由于各国情况不同，时代不同，农民反抗的手段和形式也不完全相同。我们这里说的农民反抗原因的研究，就是希望通过研究一些特定事件，寻找出农民反抗斗争的起因和规律，来探讨封建社会作为阶级对立社会的阶级斗争的规律。

---

[1] 布洛赫：《法国农村史》，余中先等译，第192页。

第二章 农民战争的原因

封建社会是阶级对立的社会,但是并不意味着双方誓不两立,成天进行着你死我活的斗争。因为矛盾双方是一个统一体,有矛盾斗争也有妥协退让。封建主的剥削、压迫有一定的限度,就是一方面要根据当时的生产力水平,一般说来,只能剥削农民的剩余劳动,而必要劳动必须留给农民家庭,否则社会的再生产也无以为继,这个社会就要崩溃了;另外一方面,剥削的限度还依赖于农民和封建主力量的对比,农民虽然看起来似乎是弱者,但是他们的有形和无形的反抗仍然会给封建主造成威胁,封建主也必须考虑这种反抗,否则就只能两败俱伤、同归于尽了。这就使得我们研究农民战争的起因时,也要注意到不能教条主义地只强调剥削压迫之严重。

下面,我们依次论述各有关国家农民战争初起时的情况,以说明众多因素导致农民战争发展壮大,而且各国、各个时代的特点也使农民战争呈现不同色彩。首先论述德国农民战争,因为德国农民战争发生于16世纪,当时西欧的社会情况已经有不小的变化,有人论述德国农民战争是不成功的资产阶级革命。布瑞克仍然说,德国自15世纪以来,农民境地逐步恶化,各种使用权受到限制,劳役增加,税收负担加重等(当然,下面我们也会指出有不同的估计)。[1]而且它还有再版农奴制问题,农奴制的强化使农民所受到的压迫加重。另外,它的宗教因素很高,可以说,路德的宗教改革运动间接导致了农民的起义,所以我们把它放在前面叙述。

---

[1] 布瑞克:《1525年革命:对德国农民战争的新透视》,陈海珠等译,第47页。

中国历史上的农民起义和农民战争，其发生的原因中宗教作用是不大的。当然，也有一些中国农民起义利用了宗教因素。如东汉时期的太平道。太平道本身宣传的内容主要是君权神授、阴阳五行等，但起义领袖张角利用群众的迷信思想，作为组织手段，聚集了许多信徒。等到时机成熟，就提出了"苍天已死，黄天当立"的口号，发动了黄巾起义。元末农民起义，利用的是白莲教，白莲教也有迷信思想，但其首领韩山童、刘福通却用它来组织群众，号称红巾军，后来发动起义，声势浩大。朱元璋成功夺取皇帝位，也是以红巾军为依托，利用了红巾军的大批群众力量，然后击败对手、取得政权的。但是，中国农民起义和农民战争主要的口号，是推翻旧王朝，建立新王朝，完全是世俗性质的。推翻旧王朝的理由，就是压迫、剥削太重。再加上天灾、战争破坏，农民无路可走，只能铤而走险，举起反抗的大旗。我们举出的李自成、张献忠起义就是压迫、剥削加重，以及天灾、战乱等因素积累而导致的。

英国1381年农民起义和法国扎克农民起义，事实上也是反对国家税收和反对封建主压迫、剥削而发生的。东欧的农民战争，我们以俄国为例，俄国的农民战争颇为特殊，是在皇权主义的口号下进行的，在哥萨克领导下的许多农民群众参加的争取自由的斗争。俄国的农奴制比西欧的要晚，一般认为1581年的禁年令是其开始形成的标志。而俄国农民因为地广人稀，逃亡成为他们摆脱农奴制的一种手段。逃亡农民成为哥萨克，习惯于自由生活，他们因此成为反对沙皇暴政、要求自由的主力军。而处于农奴制压迫下的农民、奴仆以及城市平民，都会在哥萨克的号召下行动。但是，俄国农民的觉悟性不高，受教会和统治阶级灌输的皇权主义思想十分严重，他们反对封建主，但是相信好皇帝，所以导致聪明的农民起义的领导者，都想利用沙皇作为起义的工具，这样就出现了俄国农民战争不断在皇权主义的口号下进行。我们写了许多这种战争的前奏和过程，为的就是说明这种农民战争的各种特性。

一　德国农民战争的原因

德国在中世纪时属于中欧，和西欧的情况还是有一些不同，我们在这里还得交代一下。

（一）　各阶层的状况

这里发生的著名的1525年德国农民战争，是世界史上的宏大研究课题。当时的德国还包括捷克，也发生了著名的胡斯战争。胡斯战争在欧洲农民战争中很为独特，组织起统一领导的军队，经历了长期的艰苦斗争，一度还取得许多胜利，是和其他欧洲农民战争很不相同的。

德国这时期有神圣罗马帝国的头衔，但帝国徒有虚名，皇帝的权力十分弱小，他由选举产生，由所谓七大选帝侯选举。这些选帝侯都是割据一方的大封建主，根本不听上面的命令，另外还有其他许多的公爵、伯爵、大主教等，包括像萨克森、法兰克尼亚、士瓦本、巴伐利亚、符腾堡、蒂罗尔等，大主教区有作为选帝侯的科隆、美因茨、特里尔三个。这些都是独立的行政、经济、司法单位，不受上面管辖。而且从15世纪开始，这些大封建主不断加强自己的权力，把领地政府中央集权化，向下面的小封建主和管辖的人民不断伸张权力，向人民征收各种费用，加重剥削，以支持政府部门和军队的开支。

15世纪时，德国的封建等级制度已经处于瓦解之中，原来的封君封臣关系多已崩溃，中等封建主大多已经消失，但最下层的骑士等级仍然存在。作为德国骑士制度特点的，是有上千名的帝国骑士，他们直接属于帝国，有自己的一小块领地，靠领地收入过活。这时整个骑士阶层已经没落，火枪、大炮打破了骑士的甲胄，他们在战场上的作用日益缩小，甚至失去作用，各大封建主都用雇佣军来代替他们。他们是不满现状者，他们觊觎教会的富有，也羡慕城市富裕工商业者的生活，更对欺压他们的大封建主充满仇视。他们穷困潦倒，有时靠打家劫舍为生，所以他们中出现了一些革命者，参加或者领导农民战争。

德国还有许多城市，因地处莱茵河、易北河、多瑙河等流域，北部属波罗的海贸易区，南部属地中海贸易区，很早就商业发达、城市繁荣。中古欧洲的城市和其封建领地类似，也有自己的行政、司法管辖地域，有自己的行政机关等。德国城市有属于帝国的帝国城市，也有属于封建诸侯的领地城市。它们的贸易受到封建主的盘剥和干扰，和皇帝以及诸侯时起龃龉。为了捍卫自己的利益，一些城市很早就组织起自己的组织，著名的汉萨同盟以汉堡、不来梅、吕贝克等城市为中心，有自己的议会和舰队，必要时可以进行战争以保卫自己的利益。15世纪时，南部城市以科隆、纽伦堡、奥格斯堡为首也组织过士瓦本同盟。当然，欧洲的中古城市内部分为等级，大体上第一等的是城市贵族，中等的是市民，即中等工商业者，最下层的是城市平民。他们互相之间也有矛盾，但城市在农民战争中仍然是反封建的一支力量，它们的要求随时体现出来，影响不小。

我们主要还是应该分析农民的状况。15世纪时，德国的封建制度已呈土崩瓦解之势，许多农民得到了解放，但是封建的枷锁仍然套在他们头上。这时农民可分为三个阶层，第一是自由农民，他们人身是自由的，耕种着属于自己的土地，这些土地可以继承，也可以自己处理，自由农民也享有迁徙的权利。但是欧洲的自由农民受教会的盘剥，要交纳什一税，法律上也往往受封建主的审判。第二是自由佃农，他们对自己耕种的土地没有所有权，为了耕种土地要承担相应的封建负担，如继承税等，自由佃农对土地的租期各有不同，有终身租地，也有可继承租地。此外，他们对教会的依附和对封建主法律上的依附也是存在的。不过理论上说，他们享有自由选择主人、自由婚姻的权利。第三是农奴，这时仍然存在若干农奴，不过他们大多数已经不服劳役，因为领主也不再自己经营庄园了。他们的负担主要是交纳继承税和婚姻不能自主。这三个阶层的农民，自由佃农是大多数，其他的数量不多。

（二） 农民的经济情况

15世纪德国农业基本上呈现繁荣之势，三田制普遍推行，产量稳定在1:6之间；农民的商品生产也有了发展，可以从市场中获得一些利益。阿贝尔认为，德意志如巴伐利亚、士瓦本等地，当时的农民只要有明晰的产权，交纳的东西就比较少，所以生活富裕，住宅有厨房、起居室和卧室。在东部德国，这种产权较少，但也不是没有。有了这种产权的农民可以生活得像城市市民一样。但是如果缺乏这种产权，那这种农民就得按领主的要求提供服役，甚至没有时间为自己劳动，以致穷困逃亡，他们的情况和农奴差不多，如果他们自己或者子女离开而没有得到领主允许，那么领主就把他们像农奴一样抓回来。[1] 凡伯斯也认为，16世纪初的德国，已经从衰退中恢复过来，农民的情况不错，只是一些封建主因财政困难，加强剥削，导致农民反抗而发生农民战争。[2] 所以朱孝远总结说："并无迹象表明大部分农民都已处在绝对贫困之中。"虽然布瑞克认为当时农民的生活水平是下降的。[3]

戚美尔曼曾经叙述过1525年以前吹鼓手小汉斯的宣传活动，他的宣传吸引了众多的农民群众参加，而参加者还提供许多物品给大家作为活动的经费，包括金钱、珠宝、衣服和其他物品（当

---

[1] Abel, W., *Agricultural Fluctuations in Europe: From the Thirteenth to the Twentieth Centuries* (N. Y.: St Martin Press, 1978), 131.

[2] Van Bath, Slicher, B. H., *The Agrarian History of Western Europe, 500–1850* (London: Edward Arnold LTD., 1963), 193.

[3] 朱孝远:《神法、公社和政府：德国农民战争的政治目标》，第24页；布瑞克:《1525年革命：对德国农民战争的新透视》，陈海珠等译，第47页。

然提供者不只是农民）。另外一个1525年以前的农民运动——穷康拉德，其参加者也并非一无所有的穷人。[1] 侯树栋曾经计算出，当时农民的租金（谷物）占到年收获量的1/4，这是一个不小的数目[2]，但是也还没有达到敲骨吸髓、不可忍受的地步。

也就是说，德国农民战争的起因，并不是经济上他们受剥削过多，无法生活。我们还须寻找另外的原因。

（三）农奴制再版问题

我们已经指出过，东欧部分的农奴制和西欧不同，西欧农奴制于15世纪已经大部分瓦解，而东欧的农奴制这时却正在加强。东欧农奴制的加强，许多学者分析，是因为西欧15世纪后，商品经济发达，城市发展，需要更多的粮食供应。东欧的封建主（包括波兰、俄国）为了供应西欧的粮食，于是扩大自营地，加强劳役，以出售更多粮食谋利。所以在波兰、俄国等地，农奴制不断加强，原来自由的农民，这时变成了农奴。这里应该是原来没有农奴制的地方产生了农奴制，但是，在德国，特别是西南德，原来这里的农奴制已经趋向瓦解，这时却又加强起来，所以被称为再版农奴制。不过德国，特别是西南德加强的农奴制，并不是封建主扩大自营地让农民服劳役，而是要求农民承担一些和农奴身份有关的负担，以从中获利。其中最大的一项负担是继承税，在

---

1 戚美尔曼：《伟大的德国农民战争》上，北京编译社译，商务印书馆，1982年，第14、77页。
2 侯树栋：《德意志中古史：政治、经济社会及其他》，商务印书馆，2006年，第123页。

德国也叫作最好的物件税，即农奴死后，当其后裔继承财产时，要向领主交纳继承税。最好的物件就是封建主随手取走农奴的一件东西，大半就是农民仅有的一头牛，这对农民的财产可造成重大损失，因为这样他就无法耕作土地了。继承税有的还包括农民的衣服、家具、其他牲畜，有的还规定是农民的1/3财产。这是一项很大的负担。封建主借此可以剥夺农民许多财产以获利。

除了继承税，农奴身份带来的第二个不良后果就是交纳婚姻税。婚姻税数目不大，但是它标志着农奴没有婚姻自由，需要得到主人的允许才能结婚。根据农奴法，身份的继承一般依母系，封建主要把农奴的后裔留归自己，如果一个男农奴和其他主人的女农奴结婚，那所生的子女就归另外的封建主，这个封建主的财产就要受到损失，所以才有农奴婚姻不能自主的规定。中世纪时村庄很小，一个村庄内的农民很可能有亲属关系，按照教会规定，同宗七代之内不许结婚，所以农奴时常要到本村以外去找寻对象，这样很容易给封建主造成损失，封建主因此对农奴的婚姻进行干涉，所以农奴婚姻不能自主。这是十分屈辱的标志。

成为农奴以后还失掉迁徙自由，即不能离开主人的村庄。如果要迁出主人的庄园就要交纳很重的赋税。因为封建主对自己领地上的农民有司法权，如果他出走，领主就要蒙受损失，这就是农奴不能自由迁徙的原因。另外，农奴身份还关联着其他许多的服役和义务，失去自由，变成农奴就会被封建主任意剥削。所以我们看到，1525年德国农民起义的要求中，废除农奴制是十分普遍的要求。

第二章 农民战争的原因

　　戚美尔曼曾经描述了肯普滕农民保卫自由的斗争。当地修道院长不断地将修道院管辖下的自由农民变成佃农，又将佃农变成农奴，因为这是经过多年秘密进行的，许多农民甚至没有发现就变成农奴了。为了证明修道院的正确，他们还伪造文书，说查理曼时期就有这样的规定了。15世纪初，觉醒了的农民起来捍卫自己的权利，要求投归其他封建主下面，以摆脱修道院的控制。但是由贵族和城市组成的仲裁法庭却做出了有利于修道院的裁决。农民们不甘心，上告到罗马，但这时皇帝下令保护修道院，于是许多自由农民不断地被迫变成农奴。1491年，忍无可忍的农民组织起自己的协会，并且武装起来，要求由贵族和城市组成的士瓦本同盟裁断他们的申诉。这些贵族和市民根本不同情农民，士瓦本同盟中的封建主决定对农民进行暴力镇压。他们拖延了一段时间，当农民们处于懈怠中时，他们发动了突然袭击，许多首领被逮捕，住宅被焚毁，许多人被打伤致残，余下的农民纷纷逃走，这场运动就这样被镇压下去了。[1]以后斗争还在继续。

　　可见，反对农奴制的扩大（或者叫再版农奴制）是德国农民战争发生的重要原因。这一斗争绵延达一个世纪，整个15世纪斗争此起彼伏，说明农民的反抗运动不是消极地应对封建主的进攻，而是积极地采取措施，改善自己的处境。这一情况也说明封建社会中，农民的斗争是一直存在的，就如布洛赫说的那样，和资本主义社会中的工人罢工一样。

---

[1] 戚美尔曼：《伟大的德国农民战争》上，北京编译社译，第二、三章。

(四) 反对领地政府的斗争

15世纪的德国中央政府权力衰落,皇帝徒有虚名。与此相反,割据一方的诸侯领地却大力加强自己的统治。他们强化政权,建立各种机构和行政系统,特别是建立雇佣军和司法法庭,以强迫统治下的农民和市民服从。为了豢养官吏、律师和雇佣军,各领地政府都加强税收。其中很主要的税收有贸易税,有军事税,还有领地税,这些税收最后都落在了农民身上。据统计,士瓦本的农民向地主和政府交纳的税收达到他们收入的一半以上,已经是无法忍受的了。从整个南部德国看,1525年农民交纳给政府和地主的赋税,占其收入的30%。[1]

穷康拉德运动就是农民反对领地政府盘剥的一次大斗争。这个斗争发生在符腾堡公爵领地内,时当16世纪初,当地的乌尔里希公爵穷奢极欲、大肆挥霍,他举行的婚礼有7000名贵宾参加,长达十四天。他下面的贵族、官僚也竞相效尤,这样库房、仓库都被搜刮一空。为了增加收入,还不断开征新税。农民忍无可忍,于是组织起自己的运动,进行反抗。1503年起,穷康拉德运动就开始了。他们武装起来,许多城市的市民也参加进来,人数达数千人。公爵被迫召开议会,讨论如何解决问题。议会没有农民代表,城市代表同意为公爵负担他的债务(因为这些负担最后总要落在农民身上)。而对于农民,只是一些空洞的诺言,如不再过度剥削、赈济穷人、禁止护林官骑马穿越农田、准许农民驱

---

[1] 转引自朱孝远:《神法、公社和政府:德国农民战争的政治目标》,第26页。

赶进入葡萄园的鸟类。这些欺骗性的诺言使一些地方感到满意，农民队伍发生分裂。穷康拉德的人没有上当，他们继续斗争，集合了7000人的武装队伍，在朔恩多夫城下和乌尔里希会面时，向他发动袭击，公爵侥幸逃走。农民群众提出了自己的要求，要把符腾堡公国的农民和下层市民，以及周围地区的农民和下层市民，从帝国的诸侯、主教、上层修士、城堡主和领主们的桎梏下解救出来。彻底废除一切苛捐杂税和徭役，今后自由生活。[1]虽然农民一时占了上风，可是他们组织得不好而且内部意见不统一，给了公爵时间。他用以前的协议欺骗农民同意，许多农民走散回家。公爵集合起了雇佣军，对农民大肆屠杀，残酷镇压了起义。不过逃脱的农民骨干分子仍然在继续斗争。

类似的运动也发生在其他很多地方，所以我们可以说，反对兴起的领地政府的过度剥削是农民起义的原因之一。

（五）宗教原因

反对教会的剥削压迫应该说是德国农民战争的主要起因，而基督教神学宣传的上帝面前人人平等等思想给了农民巨大的思想武器。

教会是西欧中世纪社会最大的封建主，它占有的土地达到全部封建主土地的1/3以上。罗马教廷已经发展成为国家，有自己的领土、政府，它用绝罚威胁皇帝、国王、诸侯这些大大小小的封

---

[1] 戚美尔曼：《伟大的德国农民战争》上，北京编译社译，第106页。

建主，让他们俯首听命。这时西欧一些国家已经走上集权统一的道路，对教会的干涉、剥削采取了限制。德国因为四分五裂，所以是教会剥削压迫最猖獗的地方。教廷控制着帝国会议，开会时必须有教皇代表出席。德国的教士由罗马任命，教俗之间发生纠纷也由罗马裁决。经济上罗马对德国的剥削十分严重，而这些剥削大部分都落到农民身上。如什一税是西欧中世纪教会普遍征收的税赋，农民必须交纳，有谷物什一税，还有牲畜、水果、蔬菜什一税。教士上任第一年要向教廷交纳首年俸（即第一年的全部收入），教上职位空缺时其收入也归罗马教廷。特别引起大众不满的是赎罪券的买卖，这引起路德发动宗教改革，也是农民反对教会运动的导火线。

　　反对教廷是全西欧的运动，教会的腐败和横行很早就激起群众和许多知识分子的敌视，首先出来倡导的是教会内部的教士。他们有知识，可以从宗教原理上批判教会的许多不公。而下层封建主——骑士，也对教会的富有和腐败充满仇视。城市市民大部分也反对教会的剥削压迫，甚至大封建主也参加反对教会的行动。早在14世纪后期，英国的牛津大学中的教士威克里夫，就出来宣传他的思想，他反对教皇的权威，推崇圣经的权威，并且主张上帝决定了人是否可以得救，反对圣餐变体说，这样就取消了教士赎罪的权力。他的学说吸引了许多人信仰，逐渐传播到其他地方。在英国，他的思想和罗拉德派、1381年农民起义有千丝万缕的联系。15世纪，作为选帝侯之一的捷克，发生了杨·胡斯领导的宗教改革运动。胡斯是布拉格大学的教授，还曾担任学院院长和大学校长。他宣传威克里夫的宗教思想，攻击教会的诽谤，他要求取消教会占有的土地，废除豪华的教会仪式，取消养尊处优的教士，还要求僧侣服从世俗政权。胡斯的学说引起教会的很大震惊，他被逐出布拉格。这样胡斯进一步走向民间，思想也更加激进，进而揭露封建制度的罪恶，反对封建剥削，反对继承税等。胡斯的活动招致封建统治阶级的反对，他被逮捕下狱，1415年被处以火刑。胡斯的牺牲引发广大捷克人民起义反对教会，一些市民、小贵族和大贵族也参加进来。著名的胡斯战争爆发了，农民军数次打败前来镇压的帝国军队，取得胜利，还组建了自己的政府。但是，由于起义军内部分裂，发生内战，起义最终失败。胡斯战争从1419年一直持续到1437年，历时几近二十年，是欧洲历史上很少见的规模巨大的农民战争，因为反对封建教会和反对外国干涉相联系，所以取得了辉煌的成绩。

到了15世纪末，宗教改革的思想在威克里夫、胡斯的宣传下，在西欧社会已经到处流行，对教会的不满在各阶层均有表现，只是其程度、目标、表现方式有所不同而已。这些在德国尤为激烈。1517年，马丁·路德发表了著名的《九十五条论纲》，成为德国宗教改革的导火线，而且震动了全西欧。在革命群众的支持和推动下，路德勇敢向前，1520年底，在大庭广众之下焚毁了教皇批驳他的命令，接着在1521年的沃姆斯帝国会议上，路德坚持了自己的言论，没有向皇帝、教皇屈服，这使反对教会的斗争进一步升级。

这时，宗教改革的旗帜下的各党派，就逐渐分道扬镳、走自己的路了。一部分贵族支持路德,明显的代表是萨克森选帝侯,他们是后来在宗教战争中的新教派。

德国骑士阶层的代表——理论家胡登和军事家西金根,他们一直支持路德的宗教改革。1522年,他们率领一批骑士,发动了反对特里尔大主教的战争,想在这次宗教改革的旗帜下,寻找国家的出路。他们代表了骑士阶层的思想和行动。可惜他们对联合农民和市民这两个阶层认识不够,虽然有空洞的号召,但是缺乏具体的反映农民和市民利益的纲领,结果在反对大主教的战争中陷入孤军奋战的局面,最后以失败告终。西金根在战场上负伤,不治身亡,胡登逃亡到瑞士,后也因病去世。

路德的宗教改革提出了因信称义,即最高的权威不是罗马教廷,而是圣经,人人可以读圣经,于是人人可以通过阅读圣经而得救。宗教改革思想为农民提出了神法作为其斗争的纲领,神法是最高的政治权威和人间社会的基础,这样农民就把宗教改革推向了解决社会不平等、建立人间天国的最高境界。所以,基督教的神法成为德国农民战争的最主要的思想武器。农民运动中要求最普遍的十二条款,他们把圣经作为其反对封建剥削压迫的根据,如要求自己选举城市牧师,取消继承税,取消农奴制,取消什一税,而且最后一条还说,如果他们提出的要求不符合圣经,可以取消,这说明是圣经的神法成为农民起义的根据。而农民起义中最激进的领导者闵采尔,他的纲领也是根据圣经,号召要用武装起义,消灭封建剥削制度。我们可以毫不含糊地说,宗教神法是德国农民战争的有力动因。

二 中国农民战争的原因

中国历史上的农民战争很多，我们选择明末李自成、张献忠起义作为典型研究一下。

虽然朱元璋按照农村管理方式管理国家的办法使明代经济一度停滞，但公认到了隆庆（1567—1572）、万历（1573—1620）时，经济已经大为发展，商品经济十分发达。由于农民被迫交纳白银，大量农产品进入交换领域，出现了许多商业城市和市集。全国范围的商品流通主要有粮食、棉花和棉布，以及丝绸。本来农民的粮食都是自给自足的，交纳给政府的赋税也不是商品。只有在商品经济发达的江苏、福建一些地方，农民不生产粮食，需要江西、安徽供应。棉花和棉布的供销是这样的：当时棉花主要由北方生产，但是北方农民不会织布，而南方农民善于织布，其棉花由北方运来，故"棉则方舟而鬻于南，布则方舟而鬻诸北"。棉花生产当时主要在山东、河南，棉布生产主要在江苏的松江、嘉定、常熟三地，有"买不尽松江布，收不尽魏塘纱"之谚。丝与丝绸生产则有浙江湖州、山西潞安以及四川成都等地，丝和丝绸都是重要的商品，远销各地和国外。这时也被认为是中国资本主义萌芽的时期。当时苏州的丝织业，有机户和机工两类人，"机户出资，机工出力，相依为命久矣"，即机户是备有织机、雇工生产的，而机工是受人雇佣、依赖织丝为生的工人。据记载当时苏州已有织工数千人，一个机户也有雇佣数十机工的规模。不过因为记载疏漏，我们不清楚这种手工工场的详细情况。[1]

　　生产发达，那就应该是物阜民丰、人民生活不错的时代，为什么会发生大规模农民战争呢？要进一步检讨农民的情况。

　　首先是这时人口增加。明代人口，一般认为何炳棣估计的数目正确，即明初1393年有人口6000万，以后天下大致太平，人口不断增加，到1600年左右，人口可达1.5亿或1.2亿。[2] 而耕地面积没有多少增加，所以人均耕地面积减少。有人估算出的数据是，1400年，人均耕地5亩；到1600年，则下降为4.1亩或3.2亩。[3] 赵冈、陈钟毅估算出的数字是，1393年，人均耕地8.7亩；1581年，只有3.96亩。[4] 人口增加、人均耕地面积缩小是否导致农民生活发生困难，方行认为不会。他主张，清代农民，在南方种田10亩左右，即可使一个五口之家温饱；北方则需要30亩左右。亩产量的提高，使农民可以维持生活水平。[5] 吴承明进一步指出，中国没有产生土地面积缩小、边际生产力下降，因而农业内卷化的情况。他说农民不可能无限制地向土地投入劳动力，搞"人海战术"。他会将多余的劳动力投向其他行业。[6] 而且，根据前面两人的推算，

1　许涤新、吴承明主编：《中国资本主义发展史（第一卷）：中国资本主义的萌芽》，人民出版社，2003年，第160—164页。
2　转引自马克垚：《封建经济政治概论》，人民出版社，2010年，第107页。
3　崔瑞德、牟复礼编：《剑桥中国明代史（1368—1644年）》下卷，张书生译，中国社会科学院出版社，1992年，第435页。
4　赵冈、陈钟毅：《中国土地制度史》，第116页。
5　方行：《中国封建经济论稿》，第199—205页。
6　吴承明：《市场、近代化、经济史论》，云南大学出版社，1996年，第148页。

即使到了1600年,维持一个五口之家的耕地也足够了。

那么,我们就得研究农民是否由于国家赋税过重,导致生活困难,因而揭竿而起呢?

明代开国皇帝朱元璋从农民出发,规定的税收很轻,田赋只有总产量的3%,所有的税都征收实物,而这些实物要由百姓运输到需要的地方,所以役的负担是很重的。[1] 县是运输这些实物税的基本单位,它负责运输的地方一般为10—20个。役的工作除了这些运输义务,还有许多其他的门类。按照设计,役是一种累进税制。其组织是里甲制,将每110户民户组织成为里,每10户组成一甲。剩余的10户是这110户中最富裕的户,轮流担任里长,里长监督甲完成一切物资和税务的运送。而朱元璋没有给地方官署任何财政收入,其一切费用全由里甲完成。它应该供应地方官署办公用品,油、炭、蜡烛;军事装备(包括刀、剑、弓箭、冬季军服)。向皇宫进贡各种土特产品,地方政府招待来访的人员费用,官署的建设、陈设和维修,科举考试考生的补贴,这些都由里甲负担。它是地方上的唯一正规财源。此外,里甲还充当地方上仓库的收货人、运河管理人员、马厩的马夫,向驿站提供马匹、轿子和船只,包揽驿站的各种费用。里甲中的富裕户还被指定为粮长,粮长负责汇总地方赋税,并组织运输到指定的粮仓。起初,这一制度因为政府十分简单、廉洁,还能运行。不久,这种没有中央政府投入、地方政府横向解决征收和供应的办法就完全不能

---

[1] 崔瑞德、牟复礼编:《剑桥中国明代史(1368—1644年)》下卷,张书生译,第94页。

维持了，担任里长、粮长的富裕农民陷入无尽的劳役和繁重的税负之中，也不能完成任务。一般农民也因为役的繁重而受苦，国家财政则因为制度不完善而时常陷入困难。

但是，役的繁重也并没有引起农民起义。李文治历数明末农民起义原因时列举饥荒、兵变、加派、裁驿四项[1]，而没有赋役繁苛这一项。

据袁良义的说法，农民起义在明朝，从隆庆、万历以来，连续不断。我们试根据他的记录，举出一些。

隆庆以来，广东山区农民纷纷聚众起义，与明军激战，一直到万历十五年以后。

万历初，在陕西、江西、南直隶（南京）、浙江等地，先后发生了小规模农民反抗。

万历八年、九年，陕西和山西的矿工暴动。

万历八年到万历十年，许多地方发生了白莲教徒和无为教徒的起义。

万历十三年，四川建武所发生兵变。

万历十三年，河南淇县农民数千人起义。

万历十五年，山东东阿、阳谷等地农民3000人起义。

万历十七年，太湖、宿松农民起义。

万历二十年，白莲教徒在王森领导下起义，由河北、山东远

---

[1] 李文治：《晚明民变：底层暴动与明朝的崩溃》，中国电影出版社，2014年，第二章第一节。

达山西、陕西、四川等处。

王森死后,他的儿子和门徒继续传教,其门徒徐鸿儒于天启二年在山东起义,组成红巾军,发展到数万人。

徐鸿儒失败后,到天启五年、六年,农民起义反抗的活动更是到处都有。[1]

他说,隆庆、万历以来,各地农民起义、暴动有数百次之多。[2]

这就说明,农民起义有其更深层次的原因。

前已指出,明朝的制度是保守、落后、僵化的制度,其财政制度造成国家总是入不敷出,不足以应付必要的支出。明代将人民强制划分为民、军、匠户等,世代为业,不得变更。军户原来靠士兵自耕供应,实际根本不可行。军屯土地被出卖,士兵只能由雇佣者充任。明中期后内乱外患频仍,军费成为最大负担。而军费不足导致士兵大量逃亡,在役士兵装备陋劣,因为薪饷不足时常哗变。从天启到崇祯年间,几乎每年都有士兵哗变发生。许多哗变的士兵都投奔农民军,成为农民军中的重要力量。崇祯时保卫北京的守军已五个月没有饷银,如何还能作战。

明代官员薪俸极低,官俸折银后,一个知府的年俸是62.05两白银,不足以供养一个小家庭。知县为27.49两白银,不够皇帝一天的伙食。[3]因为官员的薪水无法维生,所以贪污公行。这就给老百姓造成无法估计的负担。

---

[1] 袁良义:《明末农民战争》,中华书局,1987年,第36—38页。

[2] 同上,第33页。

[3] 崔瑞德、牟复礼编:《剑桥中国明代史(1368—1644年)》下卷,张书生译,第133页。

另外，虽然财政困难，可是皇宫的开支却日益增加，皇帝穷奢极欲，每年国家收入的20%—25%用于皇室支出[1]，不足就向农民加派。

可以说，明代后期，政府已经彻底腐败，风雨飘摇，崩溃是不可避免的了。而制度的不合理导致农民所受剥削不断加重，这是农民起义爆发的一个原因。

到了天启、崇祯年代，各地农民暴动、矿工起义、士兵哗变已成燎原之势，只是仍然分散进行，没有形成统一的组织力量。

这时陕西的天灾使这里成为农民起义的大本营。

本来灾荒在中国是连年不断的，历朝历代都可能发生水、旱、蝗、霜等灾害。但明代可能由于气象条件，天灾尤重。万历的四十八年中有天灾二十五年。崇祯年代，陕西大旱，据李文治统计[2]：

年份	地区	原因	灾情
崇祯元年	全陕西	旱、霜	民食蓬蒿
二年	陕北	大旱	延安府县人相食
三年	陕北	大旱	米脂无收，民饥
四年夏	全陕西	旱	从榆林到西安
四年冬	陕北	大雪	人畜死者过半
五年	陕北	大饥	僵尸遍野
六年	全陕西	旱、蝗、霜	赤地千里

---

1 崔瑞德、牟复礼编：《剑桥中国明代史（1368—1644年）》下卷，张书生译，第102页。
2 李文治：《晚明民变：底层暴动与明朝的崩溃》，第19页。

高迎祥是早期陕西农民起义的领袖,他本人是所谓的"响马贼",陕西安塞人,善骑射,以抢劫为生。天启末,聚集百余人,在甘肃东部打家劫舍,有"闯王"的称号。他于崇祯四年势力强盛,李自成、张献忠都是他的部下。这时农民起义军有数十万人之多,但流动、分散作战,缺乏统一。崇祯九年高迎祥被官军打败牺牲。

李自成,陕西米脂人,万历三十四年出生,父祖时家境宽裕,6岁时教之识字。十几岁为附近的回族人牧马,时常往来边塞地区,边塞人喜欢学习武艺,李自成也颇爱习武。曾经拜延安府教师学习击剑,他的父亲还将这位教师请到家中,教李自成和孙子李过一同学习。在其父母去世后,李的家业日渐没落,由于生活困难,他当过酒佣、锻工,又为人耕田,做过雇农。后来到银川驿做驿卒,挟弓矢习骑射,对战争有了许多经验。这时的李自成仍然是一个底层人士,因为欠本地举人的债,被鞭笞,而且还被知县枷锁示众。李自成被迫和侄子李过亡命走甘肃,投军去当兵,不久升任把总,是一个小军官。崇祯二年,后金侵略入塞,边地各镇奉命保卫北京,李自成也随军从甘肃出发行军,途中士兵因为没有薪饷发生哗变,李自成带头杀死金县知县,加入了农民起义军的行列。

张献忠,陕西延安人,与李自成同岁,幼年随父亲运枣于四川贩卖,应该说家境也不错。在贩枣途中到了四川内江县,驮枣的驴子粪溺弄脏了乡绅家的石坊,父亲遭到痛打,张献忠被迫用手将石坊清理干净,受此屈辱,自然怀恨在心。后来父亲送他入私塾读书,他不喜学习,和同学斗殴打死同学,被父亲赶出家门。起初在延安府当捕快,后来投军。在军中勇敢善战,积累了不少钱财,邻居垂涎他的财富,时常前来借贷,县中的胥吏、衙役更是敲诈勒索。一次因其族人犯法,献忠被逮捕审问,随即被判处死刑。幸亏主将陈洪范见他状貌奇伟,说情只鞭打一百后将他释放。张献忠逃离,于是参加农民军起义。崇祯三年,以十八寨之兵力成为起义军的重要成员。

可以看出,在当时的形势下,统治阶级已经日益衰败,不可能再统治下去了。农民已经认识到造反有理是常态,又受到统治阶级、官府的压迫和剥削,于是农民起义如火如荼,一些杰出人才也跟着参加反抗斗争,逐渐成长为起义领袖,形成自己的斗争目标和斗争策略。这就是农民起义的一般规律。

三 西欧农民起义的原因

下面我们再研究一下欧洲农民起义的原因。首先是西欧,试以英国1381年农民起义为例。

1381年英国农民起义时英国的经济状况,是一个不容易说清楚的问题。一般认为,西欧1348年发生黑死病,导致人口大量死亡,有的说人口损失了1/3。土地抛荒,农民流离失所,这应该是导致农民起义的一个原因。但是,西方历史学家却有不同的看法。按照波斯坦的人口论说法,14世纪的人口减少,使原来的好地可以用来耕种,次等土地弃而不耕,草地也不再用来耕种以补充粮食,而是恢复放牧,由此牲畜增加,肥料也增加。这时农业生产繁荣。农民的生活水平会提高。[1]生活水平提高就说明农民不会因为生活困难而起义反抗，应该别有原因。

根据编年史等史料，都说是因为征收人头税，导致农民不满，发生起义。如著名的《佚名编年史》就说，1380年，议会轻率地议决给予补助金（也称任意税），一些贵族和下议院认为，该项税收征收得不公道，派人赴各地调查。可是调查一事却演变成向农民征税，埃塞克斯的农民拒绝交纳，和税吏起了冲突，于是酝酿成为起义。嵩尔星翰的《英国史》也说，起义的埃塞克斯和肯特的农民，只承认向国王交纳1/15税，不再交纳其他的税。[2]这样看来，起义是因为税收过重。现在有了新的看法，学者们研究了起义被镇压后，政府到各地查办起义事件的法庭审判记录，揭示出了许多新情况，使我们对起义原因有了一些新认识。

研究者指出，过去探讨起义原因时，主要根据的是《佚名编年史》上的说法。现在知道这一编年史的写成虽然距离起义被镇压时间最近，但作者可能并非目击者，而是根据其他一些材料写成的，所以也有一些不正确的记述，应该纠正。

我们根据萨默塞特郡布里奇沃特（Bridgewater）地方的个案来看，起义有长期的酝酿过程。1380年，当地群众对教堂授职权被圣约翰奥古斯丁医院骑士兄弟会所掌握甚为不满，骑士兄弟会主持（Master）抱怨说，城市群众攻击医院骑士团，并且将兄弟

---

1 Postan, M. M., *The Medieval Economy and Society* (Middlesex: Penguin Books, 1981), 26–28, 154–158.
2 参看《世界中世纪史研究通讯》总第1期，1979年，第79–80页。

会从教堂中驱逐出去。而这一斗争又和城市的派别斗争相联系。布里奇沃特的一个领主，名William la Zouche，控告说，骑士团主持在当地的商人行会会长、有钱有势的John Sydenham的帮助下，不许他在城市里开法庭。另外，一个牧师名Nicholas Frompton者，从教皇那里取得了当地的教会主持（vicarage）之任命，而骑士团主持不让他就职，此事引发进一步的动乱。这些都导致许多诉讼。到了1381年，当起义爆发时，Nicholas Frompton和另外一个当地的居民，曾经在1368年担任城市的议会议员，还担任过当地圣母教堂的执事，名Thomas Engleby者，一同去伦敦进行诉讼，并且亲眼看见起义群众到达伦敦的情况。

Frompton和Engleby这两个人赶快跑回萨默塞特，集合起城市群众，打起了一面圣乔治的旗帜（和他们在伦敦的同志一样），强迫医院骑士团的主持承认Frompton为教区长，并给了城市市民一笔罚金。布里奇沃特的起义者焚烧了Sydenham的房子，还烧了另外一个人的房子，这个人名Thomas Duffield，是城市中的著名律师，他担任过当地教堂诉讼案件的法官，并且是当地一个有名的市民Robert Plympton的遗嘱执行人。这些起义者然后到城外巡游，进一步攻击Sydenham的财产，焚烧了另外一个著名市民John Cole的案件卷宗。他们又走到名叫Chilton Polden的村庄，杀死了在那里曾经支持医院骑士团的Walter Baron。最后，Engleby领着他的一伙人，到了伊尔切斯特（Ilchester），他们在那里冲进郡牢房，抓住被关在那里的Hugh Lavenham，他原来是牢房的看守。他们还强迫当地的商人John Bursy杀死了Lavenham，把这两个人的头颅用长矛挑着，带回到布里奇沃特作为叛徒展览在那里的桥上。作者认为，布里奇沃特起义的许多举动和伦敦的相像，如举圣乔治旗帜，焚烧庄园档案，杀死被认为是叛徒者并展示其头颅。而且他们在迈尔恩德取得了和肯特、赫里福德一样的证书，虽然这里不需要取消农奴制，因为这里的农奴早已消失。这表明这里的起义和伦敦的起义是有联系的。[1]

1381年英国农民起义的原因，并不仅仅是政府征收人头税，如果是那样，起义原因就是反抗国家的重税。但是从布里奇沃特等地的情况看，起义有一个长期酝酿的过程，而且不单是农民，还有其他阶层。激起他们不满的，有城市贵族压迫普通市民和贫民，也有农民和城市贫民反对教会的剥削、压迫，而且全国都有发生。所以，起义形成遍布全国之势，从北方的约克郡到南部的萨默塞特郡，席卷了全国大部分地区。各地方起初分散发动，但因为有专门的信使传达消息，起义很快就成燎原之势。这证明封建社会中，农民的反抗斗争是一种常态，而且矛头是指向封建国家的。

和英国1381年起义同样重要的，是法国的扎克起义，它发生于1358年。这次起义有其特殊的背景，即发生在英法两国的百年战争时期。自从诺曼征服开始，英法两国就因为领土问题纠纷不断。英国的金雀花王朝时期（1154—1399），英王依靠联姻等各种手段，占领了大陆上法国的大片领土，为争夺这些领土两国战斗不休。后来法国虽然陆续收回一些领土，但是直到这时，阿奎丹和加斯

---

1 Firnhaber-Baker, J. with Schoenaers, D. edited, *The Routledge History Handbook of Medieval Revolt*, 83-84.

科涅还在英国手中。1328年，法国加佩王朝绝嗣，瓦罗亚王朝继位。英王爱德华三世作为法王腓力四世（1285—1314）的外孙，要求继承法国王位。按传统法国王室女系不能继承，所以当然拒绝了爱德华的要求。再加上双方为了争夺弗兰德斯，战争终于爆发。

1337年战争开始，前一阶段英国不断取得胜利，1346年英军取得克雷西大捷。1356年，再次在普瓦提埃附近击溃法军，俘虏了法王约翰二世（1350—1364）和大批法国贵族，法国溃不成军，国家陷入危机。

为了挽救危亡，太子查理在巴黎召开了三级会议（由教士、贵族和市民代表组成）。由于贵族大批被俘，会议中市民代表占上风，其领导者为巴黎市商会会长艾田·马塞。市民代表提出了三月大敕令，要求由三级会议监督国家的活动，包括征收赋税和任命宫廷大臣等，被太子查理拒绝。马塞武装市民，准备武力对抗。太子查理被迫于1357年颁布了三月大敕令，意味着以马塞为首的城市上层掌握了政权。

马塞领导的政府并没有给人民带来福利，太子查理利用机会和英国缔结和约，以此获得力量。1358年2月，马塞集合了3000名武装手工业工人闯入王宫，当着查理的面，杀死了两名大臣，查理被迫接受起义者的要求，再次颁布三月大敕令。不久，查理逃出巴黎，在北部集结军队，包围了巴黎，切断了运输粮食到巴黎的道路。这时发生了扎克起义。

发生于1358年的扎克起义，没有提出过经济要求，没有要求减少封建主的剥削。根据当时的一些编年史所说，是封建主没有尽到保护农民的职责，引起了农民不满。如比较同情农民的维涅特《编年史》说，"那些应该保护人民的人，压榨起人民来却不比敌人稍差些"，"贵族们不但毫不庇护，反而像敌人一样压迫得更加重了"。[1] 另一《诺曼编年史》说，查理要求围困巴黎的骑士囤积粮食，骑士们于是向农民诛求。因此农民们说，这些骑士本来是应该保护我们的，但是却抢劫我们的财产，所以起来反抗这些骑士和贵族，甚至自己的领主。[2]

这样说来，法国扎克起义的原因，是农民对贵族行为的不满。我们不难看出，农民主要还是因为贵族对他们的压榨起而反抗的。起义的原因仍然是阶级压迫和剥削。编年史用了一个寓言，说明贵族保护农民的情况，说本来牧羊狗是保护羊群的，但是狗和狼成了好朋友，它们两个合起伙来，不断把羊吃掉，狗还欺骗主人装出追赶狼的样子。也就是说，贵族是真正压迫、剥削农民的。[3]

四　东欧农民战争的原因

我们不能普遍研究东欧各国农民情况，只能集中在俄国。俄国的农民战争在其历史中、在世界历史中，均占有重要地位，我们就从16世纪的俄国农民起义开始。

俄国农民起义的特征，可以说是皇权主义，若干有名的起义

---

[1] 郭守田主编：《世界通史资料选辑（中古部分）》，商务印书馆，1981年，第172—173页。
[2] Cohn, Jr. S. K., *Lust for Liberty: The Politics of Social Revolt in Medieval Europe, 1200-1425*, 35.
[3] 郭守田主编：《世界通史资料选辑（中古部分）》，第172页。

是在沙皇的名义下进行的,沙皇如何可能起义反对自己呢?这真是一大问题。

(一) 鲍洛特尼可夫起义的原因

一般认为17世纪的鲍洛特尼可夫起义是俄国第一次大规模农民起义。早在16世纪,就已经发生了许多农民反抗农奴化的斗争。俄国的农奴制出现得比西欧要晚,1581年颁布的禁年令(取消农民离开领主庄园的权利)被认为是俄国农奴制的开始。我们从俄国学者斯米尔诺夫的叙述中,了解到16世纪末期俄国农民的斗争情况。当时领主和寺院(即教会领主)控诉说,农民荒废耕地,践踏庄稼,砍伐森林,并且强占土地。有的地主说,农民横行霸道,弄得他活不下去了。1594年,约瑟夫-沃洛科拉姆修道院的世袭领地上的农民风潮是一次严重的反抗事件。当时由伊兹迈洛夫和彼得罗夫组成的沙皇委员会来到修道院调查各种诉讼案件,引起了农民的公开斗争,农民不再听从修道院管理人和仓库管理人,修道院的任何事情他们都不做,不打粮食,不往修道院运粮食,不培植麦芽,也不交纳修道院贡赋。修道院当局请求沙皇的官吏来平息这一风潮。但是,他们在修道院里待了整整一个月,也没有把风潮镇压下去。他们一离开,农民就发起了更大的运动,他们殴打修道院管理人和仓库管理人,不为修道院服任何劳役,还砍伐修道院的封禁林木。一直到1595年2月,这次风潮才被平息下去。[1]

---

[1] 斯米尔诺夫等:《十七至十八世纪俄国农民战争》,张书生等译,第13—15页。

17世纪初，俄国发生了很大的饥荒，1601—1603年，俄国全国发生饥荒，很多人饿死，甚至发生了人吃人事件。许多农民流离失所，据说全国因饥荒而死者达1/3。当时俄国沙皇是鲍里斯·戈都诺夫，他本来是沙皇伊凡四世的得力助手，伊凡四世死后，其子费多尔继位，1598年费多尔去世，由缙绅会议选举戈都诺夫为沙皇（1598—1605）。戈都诺夫采取了一些措施缓解群众的苦难，他恢复了尤里日农民可以离开地主的习惯，并且释放被地主驱逐的奴仆，给予他们自由；限制粮价，发放救济金和粮食。但是得到救助的人过少，不能解决问题。许多农民和奴仆起来斗争，抢劫地主的仓库和财产；许多农民逃亡到顿河、第聂伯河流域，成为哥萨克；许多农民和奴仆、关厢居民，发动起来，进行斗争。1603年，出现了赫洛普卡领导的奴仆起义。这是莫斯科和附近城市中的奴仆反对封建领主的斗争。赫洛普卡本人情况不详，他集合了一支队伍，向莫斯科进军，官方文件称他们为盗匪，但是从派了一名将军去镇压来看，说明这是一次大战斗。而且战斗进行得十分激烈，派去的将军被打死，赫洛普卡本人也负重伤，被俘后牺牲。其余的起义者大都被杀戮，残余退往边境地区。

1604年发生了伪皇季米特里事件，这成为俄国农民战争的导火线。

季米特里是沙皇伊凡四世的第二个儿子，他应该是皇位的继承人，他和母亲居住在名叫乌格里奇的村庄。1591年，季米特里被发现死在当地，酿成轩然大波，随后流传着戈都诺夫谋杀太子的谣言。政府向乌格里奇派出了专门的调查委员会，经过一番调查，说季米特里是在玩耍俄国一种插刀入地的游戏时，因癫痫病发作，自己把自己伤害而死的。

1603年，伪皇季米特里出现了。俄国历史上多次发生伪皇事件，盖源自宫廷内部斗争，许多细节无从查考。这个伪皇据说名叫格里高利·奥特列皮也夫，是加里奇的一个小贵族，他起初服务于莫斯科大贵族罗曼诺夫家族。罗曼诺夫家族在争夺皇位的斗争中败给戈都诺夫，被流放外地。奥特列皮也夫害怕受罗曼诺夫家族的连累，于是削发为修士，在各修道院之间游走，甚至还在莫斯科的楚多聂修道院当修士，也为莫斯科的东正教大教长当文书。可能是在这个时期，他展示了自己的华丽的笔迹和渊博的学识，并且流露出他的不平凡来历。大教长被他的说法吓着了，将他送往别处。1602年，他逃往立陶宛。

奥特列皮也夫在立陶宛和波兰国家的几个大贵族庄园上住了一段时间，宣称自己是皇太子季米特里，所以一般认为伪皇是波兰阴谋制造的。可是也有俄国史学家指出，指责波兰暗中搞出了一个僭皇不一定对，"他只是在波兰的炉子里烤熟，而发酵则是在莫斯科"。他说僭皇问题在俄国成了慢性病，从这个季米特里一直延续到18世纪。所以当伪季米特里出现时，戈都诺夫就对莫斯科的大贵族们说，这是他们搞出来的一个杰作。[1]这时俄国正值饥荒、动乱时期，农民、奴仆、城市贫民到处流离失所，对大贵族等统治阶级充满仇恨，不断掀起反抗；统治阶级也因为争夺

---

[1] 克柳切夫斯基：《俄国史教程》第三卷，左少兴等译，第24—30页。

皇位和各种权益，分裂为不同的阶层，进行着你死我活的争斗。伪皇出现后，民间就流传着季米特里没有死的流言，说戈都诺夫派去杀害皇太子的人搞错了，他们杀死的是另外一个人，而季米特里奇迹般地活了下来，他现在出现了，要求自己应该得到的皇位。流言不胫而走，许多农民、市民等下层群众，被这一流言鼓动起来，准备迎接真正的沙皇。

伪季米特里得到波兰贵族和波兰国王的支持，势力逐渐扩展，一些俄国的大贵族也支持他。不久伪季米特里认识了波兰贵族姆尼什克，和他的女儿，16岁的玛丽娜谈起了恋爱。玛丽娜虽然年轻，但她一心想当皇后，而且她是一个天主教徒，更想通过季米特里，把天主教的势力扩展到俄国，压缩东正教的力量。支持伪季米特里的力量日渐发展，顿河的哥萨克和查波罗什哥萨克都参加进来，许多农民、市民、手工业者、奴仆，都纷纷起来迎接伪季米特里，成为他的基本群众。他们期盼一个好沙皇，能够为人民谋幸福。

1604年10月，伪季米特里的队伍渡过第聂伯河，进入俄国境内。他率领2000名雇佣军，还有哥萨克，政府立即派兵迎击，伪季米特里遭遇失败，雇佣军离开了他。但很快他就又集合起军队，有1.5万人。俄国南部的一些城市没有经过战斗就转归伪季米特里，整个国家的南部和西南部都爆发了群众运动。但他第二次又被打败了。由于政府军内部许多总督不满戈都诺夫的举措，所以没有追击，而伪季米特里很快再次集合起力量。这时，由于戈都诺夫严厉镇压反对派，弄得众叛亲离，许多大贵族、总督，都准备转投新的皇帝。戈都诺夫受到他们的威胁，日益不安，1605年4月去世，也许他是自杀的。莫斯科方面立即就向他的儿子宣誓效忠，但前线克罗姆的沙皇军队却转而投向伪季米特里，通往莫斯科的道路打开了。

1605年6月，莫斯科教堂钟声大作，迎接伪季米特里入城。不久，皇太后马尔法（伊凡四世的第七个妻子）也来到首都，承认季米特里是她的亲生儿子。1605年6月21日，伪季米特里在乌斯宾斯基大教堂即位，是为季米特里一世。这个沙皇季米特里表现出受过良好的教育、天赋聪明、思维敏捷、性格活泼热情的特点，他改变了过去沙皇古板的生活方式和严厉的镇压手段，采取各种办法使各阶层人都能满意。他把大量土地和金钱封赏给贵族和哥萨克，让在原来党派斗争中失败的罗曼诺夫家族返回莫斯科，并且给他们以土地和金钱。又规定在1601—1603年饥荒中逃亡的农民可不再返回原主，由于这些逃亡农民大部分停留在南方服役贵族那里，所以这也是对服役贵族的支持。又规定，禁止将奴仆登记在一个家族名下，只能登记在一个主人名下，主人死后，奴仆就可以获得自由，这样也改善了奴仆的处境。他一反过去沙皇的旧习惯，每周都亲自参加波雅尔杜马，每周两次审查上交来的呈文，正确决定各种事项。甚至时常在没有卫队的情况下行走在莫斯科的街道上，和普通群众交谈。他允许商人不用政府批准就出国经商，宣布一切宗教平等，无论是东正教还是天主教都是基督教。他还提倡教育，准备让大贵族送其子弟出国留学。所有这一切都太超前于俄国的实际，俄国保守的贵族和保守的群众都不能接受沙皇这样的行为。

他也力图摆脱波兰国王和波兰贵族的羁绊,依靠俄国贵族和哥萨克势力。

但是,伪季米特里依靠波兰的支持取得皇位的事实,使他摆脱波兰的控制十分困难。1606年春,玛丽娜在大批波兰贵族陪同下来到莫斯科,和伪季米特里完婚。伪季米特里无法实现原来答应将普斯科夫和诺夫哥罗德送给波兰人的条件,而陪同前来的波兰贵族不尊重东正教(波兰人信仰天主教)的行为引发了俄国人的强烈不满。他们更把俄国视为被占领的地方,胡作非为,引起群众强烈不满。这时莫斯科的大贵族叔伊斯基家族伙同其他一些大贵族合谋推翻伪皇,鼓动群众起来造反。1606年5月,莫斯科钟声大作,愤怒的群众冲进波兰贵族的住宅,杀死了他们。叔伊斯基率领许多贵族,冲入克里姆林宫,杀死了伪季米特里,并且曝尸街头三天,后来又将其焚烧,将骨灰装在大炮里,朝他来时的方向发射出去。

1606年5月19日,在莫斯科红场上举行了缙绅会议,选举瓦西里·叔伊斯基为沙皇(1606—1610)。新沙皇自认为是俄国留里克家族的后代,是正统的沙皇继承人,所以他的措施是对和自己差不多的大贵族加以限制,想用缙绅会议选举证明,他是得到大多数民众拥护的。他即位后就在圣母升天大教堂宣誓,说没有缙绅会议参与,不对任何人做坏事。[1]但在人民的心目中,他仍然是过去的沙皇,是压迫人民、剥削人民的沙皇。而伪皇季米特里,由

---

[1] 克柳切夫斯基:《俄国史教程》第三卷,左少兴等译,第35页。

于他的一系列举措，形成了"好沙皇"的形象保存下来。在叔伊斯基即位后不久，就开始流传季米特里奇迹般地逃生的传说，说他隐藏在某个地方，等待时机成熟，重新向莫斯科进军。

反对大贵族政权的中心之一是南部的城市普提夫里。它是一个大城市，伪季米特里第二次被政府军打败后，就驻扎在这里，是普提夫里的坚固工事使他能支持下去。这时普提夫里的市长是伪季米特里的朋友，公爵沙霍夫斯科伊。同时，梁赞、叶列茨等南部城市也支持伪季米特里，反对现任沙皇叔伊斯基。而在波兰，还出现了摩尔切诺夫，他是伪季米特里最亲信的人之一，伪皇被杀后他逃亡波兰，沿途散布伪季米特里没有死的流言，后来更自称自己就是沙皇季米特里。

俄国的形势已经发生了深刻的变化。群众在相当长的时间内没有向政府交纳赋税，许多人也从大贵族的庄园上被解放出来。特别是下层群众，农民、城市贫民，还有一些哥萨克，都不想再按照过去的样子生活下去，开始掀起起义的浪潮。在叶列茨，组成了反对政府的大军，其中有叔伊斯基派来镇压起义的倒戈的军人，还有南部诸城市的小贵族，他们领导是巴什科夫、廖普诺夫和松布洛夫。这是一支贵族组成的部队。在普提夫里，组成了反对政府的另外一支部队，他们主要成分是哥萨克、奴仆、农民，许多人参加过伪季米特里第一次向莫斯科的进军。当然也有大贵族和服役贵族，而领导这支部队的是奴仆出身的鲍洛特尼可夫。俄国历史上由统治阶级内部斗争转化而成的农民起义，是十分值得研究的课题。

伊凡·伊萨耶维奇·鲍洛特尼可夫，原来是莫斯科大贵族特廖捷夫斯基公爵的奴仆，青年时期，他从领主处逃往草原上的哥萨克那里，在战争中被鞑靼人俘虏，随后被卖到土耳其当奴隶，在大帆船上服苦役好几年。土耳其帆船队被德国人打败，他摆脱了奴隶生活，后到过威尼斯，在那里听到俄国的事件，于是经过德国、波兰回到俄国。在波兰，他见到自称沙皇的摩尔切诺夫，后者赐他大将军的称号，他就是以沙皇任命的大将军的名义来领导农民起义的。但是，鲍洛特尼可夫的部队在围攻莫斯科期间，曾经散发传单，号召奴仆和下层市民起来造反，"打死大贵族、客商和所有商人"，"抢夺他们的财物"，"拿起武器反对自己的领主，占据他们的领地和财宝"，这些口号说明鲍洛特尼可夫起义的反封建统治阶级性质。

可见，在群众反对封建统治阶级充分发动的形势下，对好沙皇的幻想和期盼成为鼓励他们起来斗争的导火线。这就是俄国农民战争的皇权主义的特点。

（二） 拉辛和普加乔夫起义的原因

前面我们论述了鲍洛特尼可夫起义的原因，和皇权主义有很大的关系。下面我们再考察一下其他俄国农民起义的原因，也和皇权主义有关。

17世纪俄国的经济社会发展

斯杰潘·拉辛起义发生于罗曼诺夫王朝时期，现代俄国史学认为这时已经属于近代[1]，但实际这时俄国的生产仍然相当落后，农业依然是主要的生产部门，大部分生产者依然是农民。农业生产从伊凡四世时和大混乱时期的破坏中逐渐恢复，随着人口的增加，耕地面积也在扩大。一些地方已经实行三圃制耕作，农具有了铁制的犁、耙、镰刀等，种植的作物有小麦、大麦、豆类等，还有经济作物如大麻和亚麻。但北方许多地方还存在伐林耕作制，生产工具稀缺。农业收成很低，一般为种子的三到四倍。手工业有一定发展，农民因地制宜，生产一些产品，如鱼、盐、皮毛，特别是在西伯利亚一些地方可以狩猎到珍贵的狐狸和貂皮。这些可以拿来出售。一些农民也离开农村，从事手工业生产。手工业生产主要仍然是小手工业，在城市中小手工业者生产一些产品出售。生产手工业产品的乡村也形成了。只有在大城市，如莫斯科、诺夫哥罗德、土拉这些地方，才有类似手工工场（manufacture）的企业。这些企业有的是大商人办的，许多是国家办的，也有西方商人到俄国开办企业，有冶金（铁）、制碱、呢绒织造等，许多大地主在自己的领地上兼营企业，制碱和冶金，他们的劳动力大都由领地上的农民充当。著名的封建主莫罗佐夫家族，在自己的领地上办起烧酒厂、烧碱厂、铁厂和麻厂，产品拿来出售，获利无数。国家的企业主要是武器制造，其中的生产者也是由农奴充当的。有荷兰商人办的制铁、冶铁手工工厂（factory），其中的工人有雇佣的外国工人，也有俄国工人，但

---

[1] Сахаров, А. Н., История России, Том. I, стр. 316.

因为劳动力不足，沙皇政府将所属乡村编入工厂，由那里的农奴承担伐木、烧炭等简单劳动，所以这里既有自由劳动力也有农奴劳动力。大量农奴在工厂劳动，是俄国工业化过程的一个特点。

17世纪是俄国农奴制形成的时期。1649年会典，取消追捕逃亡农民的时限，农民及其家属世代是主人的农奴，没有迁徙的权利。地主在出售或购买土地时上面的农民也随之转移，成为以后脱离土地买卖农奴的开始。农民丧失了一切法律权利，被地主责罚、殴打，甚至笞打至死。但是农奴仍然要向国家交纳赋税，而且还要服兵役。

工商业的发展使城市也逐渐兴盛，城市中的工商业者增多。当然城市中的大量居民是封建贵族、国家豢养的射击军，也有大商人，被称为客商或大客商，是特权阶层，他们和政府相勾结，得到在某地办企业的特权。中小工商业者被称为关厢居民，一样要纳税服役，他们许多人都同情、参加农民起义。

17世纪罗曼诺夫王朝建立之初，国家机构不发达，政局也不稳定，大贵族内部矛盾重重，外国武装占领的地方也没有收回。阿列克塞·米哈伊洛维奇统治时，1648年莫斯科爆发了起义，人民群众不满政府征税过多，向沙皇请愿，但遭到镇压，于是冲入克里姆林宫。起义群众打死了一些官员和贵族，但因为是一次自发的暴动，没有组织和坚强的领导，不久就被镇压下去了。但是，在首都的起义说明了这时沙皇政府的脆弱。在镇压了莫斯科人民起义后，1649年，召开了新的缙绅会议，制定法典，这就是所谓的1649年会典。1649年会典除了前面指出的加速农民的农奴化，其主要内容就是加强沙皇政权，有许多维护沙皇、教会、国家权力的条文，并且规定了严刑峻法，许多罪行都要处死刑。

阿列克塞还任用尼康进行宗教改革。尼康原本是一名修道士，后为修道院长。1652年被任命为都主教后进行改革。尼康改革只是对宗教仪式有一些修订，他主要的目标是要提高教会的地位，主张教权高于皇权，他把都主教的权力比作太阳，把沙皇的权力比作月亮，背着沙皇处理内政、军事等事务，这就和东正教的皇权管理教权的传统完全背道而驰。阿列克塞对此不能容忍，1666年，尼康被流放到外地，教会改革就此结束。

沙皇专制统治的强化

17世纪下半期是沙皇阿列克塞·米哈伊洛维奇统治时期，这时皇权得到了强化。1654年，乌克兰发生反波兰的起义后，俄国和乌克兰合并，引发俄波战争（1654—1667）。俄国先后和瑞典、波兰长期作战，直到1667年，终于和波兰订立停战协定，并吞了东乌克兰（第聂伯河左岸）；又经过艰苦战斗，镇压了斯杰潘·拉辛领导的农民起义，还和都主教尼康角力，这一系列事件都迫使沙皇要对形势迅速做出反应，不能听任波雅尔的拖沓混乱。1654年以后，沙皇没有再召开过缙绅会议，遇有军国大事，只和一些自己挑选的亲信商量。伊凡三世建立的衙门这时进一步得到强化，形成了衙门之上的衙门，即内务衙门，它的职责是通过遍布全国的人员，监督一应行政、军事事务，有权干预其他衙门的工作，以实现沙皇的要求。它还派员监督军队、外交等事。它逐渐发展成沙皇的秘密警察机构，沙皇在那里也有办公、批阅文件的地方。另外，财务衙门也是沙皇的重要衙门，负责协调各衙门的财政业务，监管收入进入国库。军队也进一步现代化，过去的贵族骑兵已经不能适应战争需要，射击军本来是比较现代化的军队，但因为平时在城市中经营工商业而蜕变。这时更招募专业的部队加以现代化的训练，以应用于和波兰、瑞典的战争，不过军队的改善进步缓慢。

阿列克塞·米哈伊洛维奇是一个有作为的沙皇，被评价为使俄国从家长制的、封闭落后的罗斯向现代化的俄国过渡的沙皇，开创了后来彼得改革的任务。[1]

斯杰潘·拉辛起义是一次哥萨克领导的起义，其中有大量农民、奴仆参加。当时农民逃亡的风潮十分盛行，他们向南方无人居住的地方逃亡，以逃脱封建主的剥削压迫。这些逃亡者许多成为哥萨克，在服从政府和反抗政府之间摇摆。拉辛本人曾经参加过哥萨克到莫斯科朝觐沙皇的使团，多次来往于顿河和莫斯科之间。当时由于顿河粮食供应不足，哥萨克有时要求沙皇供应粮食、军械，他们也为沙皇政府服役。那时顿河上游聚集了七八千哥萨克，1667年，拉辛领导的军队由抢劫为生逐渐发展成反对沙皇的农民起义。他要求起义者宣誓拥护伟大的国君，用被废黜的

---

[1] Сахаров, А. Н., История России, Том. I, стр. 347.

都主教尼康和皇太子的名义发出号召,只反对大贵族、商人、射击军头目和衙门官吏,皇权主义十分明显。这是一次反对农奴化的哥萨克起义,而沙皇成为起义的号召旗帜。这种农民起义充分反映了"只反贪官,不反皇帝"的皇权主义特点。而且哥萨克一向游走于为政府服务和反政府之间,在机会合适时,就会发展成农民起义。分析这种起义的原因,要具体研究。

俄国普加乔夫起义

(1) 普加乔夫起义的背景

普加乔夫起义发生于18世纪,即在号称俄国历史上的黄金时代的叶卡捷琳娜女皇统治时期。它应该具有这一时代的特征。可是从横向比较来看,它并没有达到如中国太平天国那样的农民战争最高的高度,甚至没有达到比它早一百年的明末农民起义的高度。这也就充分说明,俄国当时仍然是一个落后国家,虽然有彼得和叶卡捷琳娜向西欧学习的努力,但实践证明,俄国的农奴制资本主义和西方的自由资本主义相距仍然较远。当然,我们也应该充分估计到,各个国家的农民战争,有其自身的特点,只从时代来认识特征,也许有一定缺点。

18世纪的俄国农民战争,其实质仍然是农民争取自由解放的斗争。这时俄国的农奴制正在强化,农奴被剥夺了所有的财产和权利,变成主人可以任意处置的物。农民可以被交换、被买卖、被任意责罚,甚至致残、致死。随着向西方学习,建立的大工厂企业的增多,有更多的农民被编入工厂劳动,领取微薄的工资,被固定在工厂,不能离开,仍然是地主的农奴。他们和自由资本主义下的劳动者完全不同,是农奴制工人。

农民反抗压迫的斗争,这时逃亡的形式仍然十分起作用。农民逃往顿河或扎波罗什营地,在那里就可以变成哥萨克,成为自由人。逃亡的道路充满危险,哥萨克生活也是充满危险的,可是总比受地主剥削、压迫,变成农奴要好一些,所以逃亡不断。逃亡的农民时常组织起来,组成武装团体,袭击地主庄园,杀死管家,甚至和官军对抗,演变成农民起义。据统计,1762—1772年,欧俄部分的地主农民和国家农民的起义就在160次以上。[1] 被强制编入工厂的农民也举行请愿、罢工,甚至起义等斗争,而少数民族、哥萨克的起义也蜂拥不断,叶卡捷琳娜的统治面临着群众反抗的加剧,最后爆发了普加乔夫起义。

普加乔夫自称是彼得三世,要求恢复他的皇位,这是皇权主义的直接表现。我们有必要叙述一下彼得三世的事业。

彼得三世是彼得大帝的女儿安娜·彼得罗芙娜和德国霍尔斯坦公爵结婚后所生的儿子,有德国人的血统,自幼在德国长大,是路德派教徒。由于俄国女皇叶丽莎维塔没有子嗣,所以她把自己的外甥,即彼得三世从德国召回,指定为自己的继承人。1762年彼得三世即位,但于1762年9月即被他的妻子废黜,这个妻子是纯粹的德国人,和彼得三世结婚后,1745年就来到俄国,对俄国的情况十分熟悉,她和近卫军勾结篡位,这就是后来的著名女

---

[1] 斯米尔诺夫等:《十七至十八世纪俄国农民战争》,张书生等译,第241页。

皇叶卡捷琳娜二世。彼得三世总共在位半年多，可是这半年多他也做了不少事，如1762年颁布敕令，取消贵族的服役义务；取消秘密警察；没收教会土地，交给修道院农民；不许工厂主将农奴编制于工厂，也就是让工厂劳动者逐渐转变为雇佣劳动者；实现宗教宽容，不再迫害分裂派等。应该说彼得三世还是很有作为的。但因为他是受德国教育长大的，所以也实行了一些不利于俄国的政策，如召回叶丽莎维塔时期被流放的德国人；和普鲁士订立和约，归还已经夺取的普鲁士的土地；不信任近卫军，不让他们保卫皇帝，这引起了许多俄国贵族的不满。他是一个类似于彼得大帝的改革派，可惜当时的形势和彼得一世时期大不相同，他最后要把近卫军送上前线，成为引起宫廷政变的导火线（近卫军只负责保卫皇帝，从不上前线作战）。他被废黜后就被谋杀了，可是却流传着他没有死，奇迹般地逃脱谋杀的话语，成为农民起义的根据，不止一处出现过冒充彼得三世的人，而普加乔夫只是其中之一。

（2）普加乔夫起义地区的情况

普加乔夫起义的策源地是西西伯利亚的雅依克地区，这里靠近乌拉尔山，而且有少数民族如卡尔梅克人、吉尔吉斯人活动，同时也是逃亡农民的目的地之一。由于逃亡农民来者众多，生活困难，这些哥萨克在为沙皇服务和保持独立二者之间摇摆。彼得大帝1707年命令当地交出逃亡者，即以后这里逃来的农民不得再成为哥萨克，此命令引发大讨论，最后发生了布拉文起义，而且形成不能交出逃亡者的惯例。布拉文起义被镇压后，雅依克地区的哥萨克统领由原来的选举产生改为由政府任命，在雅依克地区又引发不满。

1748年，雅依克哥萨克集中居住的奥伦堡，组织起由政府建立的哥萨克部队，他们由政府供应武器装备、马匹等，并且领取军饷，成为政府统帅的哥萨克军。这和其他的哥萨克有很大不同，哥萨克向来以向往自由著称。他们和政府处于若即若离的状态。这些哥萨克成为政府的部队，于是哥萨克之间也出现了对立。少数是政府的亲信，而其他哥萨克和他们拉开了距离。

1767年，政府对雅依克地区的哥萨克实行了新的禁令，禁止他们雇佣他人代替自己服役。当时哥萨克被征发去服务往往就是一生，没有回家时间，这样也就耽误了生计，所以需要雇佣他人代替。禁止代替使贫穷的哥萨克丧失了替他人服役谋生的机会，也使富裕的哥萨克不可能再雇佣他人，所以导致两方都不满意。18世纪70年代，政府方面要派哥萨克到前线捷列克去，但他们拒绝前往，而且还组织自己的队伍，组成步兵、骑兵等，这被认为是反抗的征兆。驻扎奥伦堡的统领派遣达维多夫率军前往，逮捕了43个哥萨克，认为他们是罪魁祸首。这些人被遣送往俄土战争的前线，还被剃掉胡须，这对既是哥萨克又是旧教徒的人来说可是奇耻大辱、不堪忍受。他们攻击了逮捕者，可是仍然还想和政府妥协，又向彼得堡派遣自己的代表。结果20个代表中有6个被逮捕，16人逃归，于是哥萨克决定游行请愿。1772年1月，他们举着圣像，带着孩子，集合了5000人，向雅依克的特兰腾堡前进。政府下令射击，有100人被打死，大部分是妇女、小孩。愤怒的群众向政府军发起进攻，打死了长官和服务于政府的哥萨克上层。政府派遣军队前来讨伐，而起义者在反抗和和谈之间摇摆不定。最后，1772年6月，起义行动被粉碎，许多人遭处决和被流放。余部逃走，成为普加乔夫的部下。

另外，在乌拉尔山，俄国建立了炼铁基地。本来俄国的炼铁基地在库班，彼得一世和瑞典国王查理十二大战，瑞典的大炮远胜于俄国的大炮，主要原因就是瑞典生产的大量优质铁可以铸造大炮。当时生产铁需要许多条件，首先当然是要有铁矿。其次是有大量木材，因为当时炼铁还不能使用煤，没有把煤炭炼成焦炭的技术，只能将木材烧成木炭炼铁。再次就是得有湍急的河流，可以使用水轮机为炼铁炉鼓风。这些条件在乌拉尔山都具备，所以彼得大帝在这里开采铁矿，加紧炼铁。彼得使用非常手段，将大量农民整村、整乡地划归炼铁厂，这些炼铁厂中不但有国家的工厂，而且还有私人的工厂。划归炼铁厂的农民由此成为固着在工厂的农奴，他们在恶劣的生产条件下劳动，一天劳动十几个小时，女工、童工被大量使用，许多工人没有报酬，即使是技术工人，也只有很少的报酬。而且工厂主还有追捕逃亡农奴（工人）的权利。由于这些非常条件，乌拉尔的铸铁、制造大炮的工业很快发展起来，甚至比开始现代化的英国的铁都要好。依靠这样的铁和大炮，彼得最终打败了查理十二，取得了俄瑞战争的胜利。但是，这里的农奴制工人生活困难，受剥削压迫过甚，因此此地成为普加乔夫起义的策源地。他们大批参加起义军，而且为起义军铸造枪炮，起着十分重要的作用。

（3）起义的开始

叶梅连·伊凡诺维奇·普加乔夫1742年出生于伏尔加河流域雅依克地方的一个哥萨克家庭。他和其他哥萨克一样，从小接受战争训练，17岁服兵役，参加过对普鲁士的战争，一年后回家结婚，后来到过波兰前线，也参加过对土耳其的战争。他因为过失而被笞责，这对哥萨克是经常的事。由于不愿忍受虐待，他数次逃跑，往往又被抓回监禁。在四处流浪中，他听到彼得三世没有死亡、仍然活着的说法，萌生了假装彼得三世的想法。前已指出，民间流行着彼得三世仍然活着的传说，彼得三世因为改革为人民所尊敬，后者对当政的叶卡捷琳娜二世则充满了敌意，许多起义者都冒充这位沙皇。1765年，在沃龙涅什省出现了一个叫克列姆涅夫的人，他是奥尔洛夫民兵团中的士兵，后来逃走并且到处惹是生非。起先他自称是服务于沙皇的上尉，得到了一些人的拥护，他提出口号：1.禁止酿酒；2.禁止招兵和禁止向12岁以下的人收人头税。后来他直接宣称自己是沙皇，集合起500人的队伍，在乡村中民众拿面包和盐以及敲响教堂的钟声欢迎他，但他的队伍在战争中一触即溃，起先他被判处死刑，后被流放于尼尔辛斯克。不久之后，在乌克兰，又出现了自称沙皇的人。他是布良斯克兵团的逃兵切尔内舍夫，在群众中散布流言蜚语，被逮捕、流放到尼尔辛斯克。他到那里继续鼓动民众，说他是彼得三世，被错误地逮捕和流放。农民相信他的话，送给他马匹、金钱和给养，但他被抓捕，死在流放途中。第三个自称沙皇的人是波戈莫洛夫，他是逃亡的农奴，但有一种说法说他是顿河哥萨克，他的信徒宣称沙皇彼得三世就要前来视察，于是一个地方的哥萨克举行起义，占领了政府机关，逮捕了全部官吏。起义失败后，冒名者被逮捕，他将被遣送往察里津，那里又流行着沙皇要来的消息。于是他被监禁在别处，而后死亡。但也有说他被笞责后流放西伯利亚，于途中死去的。虽然消息不能肯定，可是仍然流行着沙皇活着的传言。

第三章
农民战争的过程

我们不准备全面叙述农民战争的过程，而是研究封建社会中处于弱势地位的农民，如何能够组织起强大的队伍，与统治者的训练有素的军队进行对抗进行战争，有时还打败他们，取得战争的胜利，甚至推翻封建主的统治，建立了自己的政权。当然，不同国家、不同时代的农民战争，也呈现出不同的结果。像中国的农民战争，可以打败封建主的军队，直到建立自己的政权。而有的农民起义军和封建主的部队作战则一触即溃，不堪一击。这些差别如何造成，值得我们研究。

英国1381年农民起义和法国扎克农民起义可以一并讨论。西欧封建社会中，农民，特别是农奴，被剥夺了武装的权利，只有作为统治阶级的骑士才是以战争为业，是全副武装的战士。起义者即使自己武装起来，也根本不是骑士的对手。具体的表现就是这两次农民起义虽然集合起军队，虽然人数也不算少，有五六千人，但是他们都没有来得及和政府的军队打一仗，一周或者十来天就被镇压了。起义的领导者大概受过一定的军事训练，可是他并不能对起义队伍进行训练，那些临时凑集起来的队伍不听指挥，一盘散沙。英国农民进入伦敦后，杀死了大主教兼首相和财政大臣，可是在自己的领袖瓦特·泰勒莫名其妙地被杀死后，却不起来复仇，反而跟随国王到自己遭受屠杀的地方去，宛如一群沉默的羔羊，丝毫没有起义者的样子。

法国的扎克起义，杀死一些贵族，似乎就是简单的复仇举动。也临时组织起队伍，据说还有骑兵。可是也不听命令，以为自己可以和官军对仗。更糟糕的是其领导者卡尔上当受骗，被封建主杀害，而余部也就被镇压。

这两次农民起义都是不堪一击就失败了。

德国农民战争经历过两年多和封建主部队的战斗，曾经建立起几万人的大军，也取得过胜利。但是，这次农民战争比较彻底地暴露了农民战争的缺点，这是德国本身的情况和农民本身的情况叠加而造成的。德国当时面临的问题是宗教改革。路德的宗教改革，把全国群众划分为天主教阵营和新教阵营，这两个阵营中，各有阶级和阶层。天主教阵营包括贵族和骑士，也包括市民（城市贵族和中等市民以及普通市民）、农民，而新教阵营中也有同样的各阶级和阶层。恩格斯在《德国农民战争》中已经详细分析过这些阶级和阶层的动向，这种宗教区分使得阶级区分受到干扰，只有在最后的突出阶段，阶级区分才会发生决定作用，而在战争过程中，这种区分并不明显，反而模糊了阶级区别。所以我们看到，在反对封建主的农民阵营中，包括了贵族和骑士，也包括了特别多的市民，他们成为温和派，在战争过程中无时无刻不在想着妥协、投降。农民中的温和派也相当多，老是想得到一点好处就回家过原来的生活，缺乏斗争精神。农民眼界不出自己的狭隘地域，表现为起义的农民多组织成小规模的组织，一群一伙，不能形成统一的大部队，此起彼伏，极易被封建主各个击破，相互之间不能协作、救援。戚美尔曼说："上法兰克尼亚农军又像抛弃富尔达的弟兄和弗兰肯豪森的弟兄一样，也抛弃了米尔豪森农军。这里使人民事业失败的又是自私自利。他们觉得联合起来，辗转于图林根山脉，把矛头指向诸侯军队，去援救被压迫的兄弟，不如分头在美丽的美因河谷抢劫小宫城，畅饮美酒来得快活。"[1]

所以，德国农民战争也就是经过两年的时间，就被封建主各个击破而消亡了。恩格斯说："德国的分裂割据状态之加甚与加强是农民战争的主要结果，同时也是德国农民战争失败的原因。"[2] 伟大的斗争没有给德国带来统一。

捷克的胡斯战争也是宗教性很强的农民战争，但是胡斯战争带有捷克人民反对德国封建主斗争的性质，所以斗争更为坚决。参加胡斯农民军阵营的，有捷克的贵族和骑士，也有城市市民，他们组成统一战线，一度合作得不错。农民中的塔波尔派成为战

---

[1] 戚美尔曼：《伟大的德国农民战争》下，北京编译社译，第831—832页。
[2] 恩格斯：《德国农民战争》，《马克思恩格斯全集》第七卷，人民出版社，1959年，第480页。

争的主力军，他们发展了自己的军事艺术和装备，成为打击德国封建主的强大力量。捷克农民战争的缺点，就是它的阵营中各阶层诉求不一，极易分裂，导致农民军内部自相残杀。首先是塔波尔派镇压毕卡特派，后来是圣杯派和敌人妥协，击败塔波尔派，断送了这次起义。

俄国的哥萨克起义却完全不同。哥萨克本身就是战士，他们熟悉军事技术，善于战斗，能组织起自己的作战队伍，以哥萨克为核心，再吸引其他农民、奴仆参加，还能组织农奴工厂的工人参加部队，用他们铸造大炮和其他武器，所以能多次打败政府军。但是，哥萨克也有相互不服从的毛病，而且有盗匪习气，他们遭遇失败后，也容易走向消极、避战。哥萨克起义的毛病是战争的目标不明确，战略、战术不佳，缺乏斗争的长远目标。他们相信领导者是沙皇，甚至认为到了莫斯科，让沙皇即皇帝位，他们就可以回到自己的老家，过那种自由、无忧无虑的生活了。这就导致哥萨克起义经不起失败，导致普加乔夫最后是被自己的下属叛卖，使得轰轰烈烈的大规模起义被镇压。

中国的农民起义和农民战争是世界史上最成功的，中国农民一直有武装斗争的传统，斩木为兵，揭竿为旗。官僚、贵族没有垄断武装，农民战争往往可以推翻旧王朝，甚至建立新王朝。如陈胜、吴广起义是灭亡秦王朝的导因，"陈涉首事也"。黄巢、李自成都组织起强有力的军队，纵横全国数万里，推翻旧王朝，建立了自己的王朝，当然最后没有成功。也有成功的例子，就是朱元璋建立了明朝，不过这个明朝不是农民的政权，而是封建主的政权。

一　西欧农民起义的过程

我们还是讨论1358年法国扎克起义和1381年英国农民起义的过程。这两次农民起义过程的特性，主要是时间短，几天工夫就被镇压下去了。为什么会这样？

（一）扎克起义

扎克起义甚至没有名称，一种说法是法国俗称农民为"好人扎克"，所以把这次农民起义称为扎克起义。还有一种说法是"扎克"是对农民的贱称。

维涅特《编年史》描述了百年战争外敌入侵带给农民的苦况。"葡萄园无人耕种；地没人翻，种子没人播；牧场之上不见牛羊，教堂和房屋……处处都是那烧毁一切的火焰的遗迹，或是一堆堆令人沮丧的、余烟未尽的废墟。"他特别叙述了领主们如何继续掠夺农民："到处笼罩着绝望的贫困，特别是在农民中间，因为领主加重了他们的苦难，夺去他们的财产，甚至他们可怜的生命。尽管大小牲畜所剩无几，领主们还是要求每头牛按十个金币、每只羊按四或五个金币付款。"[1]

受压迫剥削的农民不堪忍受，于是发动了起义反抗。反抗发生在博韦地区。农民们没有什么组织，好像就是一哄而起，拿着武器和旗帜，见贵族就杀，将他们的堡垒和住宅也夷为平地。他

---

[1] 郭守田主编：《世界通史资料选辑（中古部分）》，第172页。

们推举了当地麦洛村的吉约姆·卡尔为领袖。卡尔有作战经验，他还要求农民不要将贵族甚至他们的妻子、儿女处死，但是农民没有听从他的意见，仍然犯下不少暴行。农民军集合了不少人，有的说5000人，有的说6000人，总之是有了一支五六千人的队伍。可是大概没有受过什么军事训练，不能和贵族的骑士作战。按照记载，1358年5月29日起事，6月10日就被那瓦尔国王亨利的部队打败，许多农民被杀死，有的说死了2万人，少说也有好几千人。一场大型的农民起义就这样烟消云散了。[1]

以上是根据编年史的资料得出的起义过程。现在发掘出许多档案文件，大部分是镇压起义后，国王法庭发布的对起义者的特赦诏令，呈现出一幅不同的景象。

首先是起义规模相当庞大，不限于博韦地区，还包括北法的塞纳河以北，索姆河以南广大区域，还有巴黎、香槟、桑斯等地的大量乡村，有150多个。[2]

其次是起义并非没有准备，各村庄，曾经事先进行过酝酿。[3]而且起义的军队也有自己的组织，有大头领（Captain），大头领的名字叫吉约姆·卡尔，另外一个指挥官还是骑士，各领有3000人的队伍。[4]还有大头领的副手，其名字可能是Germain de

---

[1] 郭守田主编：《世界通史资料选辑（中古部分）》，第171—180页。

[2] Firnhaber-Baker, J. with Schoenaers, D. edited, *The Routledge History Handbook of Medieval Revolt*, 60.

[3] Cohn, Jr. S. K., *Lust for Liberty: The Politics of Social Revolt in Medieval Europe, 1200-1425*, 34.

[4] 郭守田主编：《世界通史资料选辑（中古部分）》，第178页。

Revillion，或者是Bulles de Archat，当卡尔不在的时候，或者当卡尔被贵族杀死之后，他们负责指挥军队。大头领下面，我们还知道大概有二十几个头领，负责一个村庄或几个村庄的军队，而这些头领还有副手或者下属，管辖十几个人。所以扎克军队是有一定组织的，并非乌合之众。[1]

关于扎克的暴行，现在也有了许多研究。原来的编年史都强调扎克农民残酷杀害封建主，如《大编年史》说："凡他们能找到的贵族男人一律杀死。他们对贵族妇女和许多孩子也极其残暴。"[2] 更详细的研究则证明扎克的暴行并不那么惨烈。他们是杀死了一些贵族，但是没有说的那么多。特别是他们强奸贵族妇女的事，似乎知道的尽是妇女害怕被强奸，而实际上没有发生。他们摧毁了许多贵族堡垒和住宅，但之所以有许多堡垒被摧毁，是应巴黎市商会会长艾田·马塞的要求，是为解决太子对巴黎的围困，所以摧毁其堡垒。[3]

为什么扎克起义就这么一哄而起，也一哄而散？首先因为它不是一次准备充分的起义，尽管事先可能有一些串联，但缺乏有领导、有目的的准备工作。首领吉约姆·卡尔是临时被推举出来的。他可能有一些战争经验和指挥才能，但是并不能约

---

1 Firnhaber-Baker, J. with Schoenaers, D. edited, *The Routledge History Handbook of Medieval Revolt*, 62.
2 郭守田主编：《世界通史资料选辑（中古部分）》，第175页。
3 Firnhaber-Baker, J. with Schoenaers, D. edited, *The Routledge History Handbook of Medieval Revolt*, 64.

束部下。他要求起义者不可滥杀，可是收效不大，说明起义者没有组织成为一支纪律严明、服从号令的队伍。没有这些农民头领在一起开会商量起义事项的消息，就是组织不健全的表现。西欧的农民，这时已经大部分从农奴制下解放出来，但是仍然分散在狭小的领主庄园中。他们的目光不出庄园的小天地，更因为历史的原因，没有经受军事训练，不会打仗。起义后短时间内也不可能得到训练，所以不可能和专门以作战为主的封建主、骑士相比拼。

卡尔和另外一个参加起义的骑士曾经组织起部队，编成两支，各有3000人，还有弓箭手、战车，以及600人的骑兵队（大多数有武器），可见许多农民军连武器也没有，这支队伍虽然可以一战，不过在和封建主的部队对阵时，农民军的弱点就暴露了。卡尔估计到对方虽然只有1000人，但他们是善于作战的封建主队伍，所以要求部下不要和他们决战，而要到巴黎去，因为巴黎那时还在艾田·马塞的掌握下，表面上还和农民军结成联盟，到那里可以得到市民的支持，也可以布防在有利的地形上。农民军拒绝撤退到巴黎，看到自己人多势众，认为可以打败封建主，就这样在阵地上对峙了两天。卡尔考虑不慎，中了封建主的奸计，在去封建主的营地谈判时被扣留。这样，农民军陷入无人指挥的境地，被封建主的部队大肆屠杀，全面溃败，被屠杀的农民据说有2万人，可能没那么多，但是几千人大概是有的。[1]

---

[1] 郭守田主编：《世界通史资料选辑（中古部分）》，第178—180页。

（二） 1381年英国农民起义

1381年英国农民起义，取得的胜利更大，但是也只是短时间内就失败的，可以和法国的扎克起义一同讨论。

原来对于1381年起义的叙述集中在伦敦，从农民进入伦敦到瓦特·泰勒被杀，也就是几天时间，所以也是短暂的起义。现在对这一事件的研究有了不少新认识，我们还需要结合新情况重新论述一下。

瓦特·泰勒起义不同于扎克起义，首先它有一个酝酿的过程，一个思想发动、思想宣传的过程。宣传者是修道士约翰·保尔，他在英国各地传道，宣传人人平等、没有贵族人们会过得更好的思想。保尔还参加了起义，而且是领导者之一，最后牺牲了。这一起义虽然和1358年法国农民的起义一样，也是没有经过战斗，即虽然组织起农民武装，但是并没有和封建主的部队作战就被击溃了，但是它的声势却比法国的农民起义大得多。农民军占领了伦敦，杀死了坎特伯雷大主教、首相苏德伯雷和财政大臣海尔斯，逼迫国王答应农民的要求，这应该说是很大的胜利。可惜这个胜利只是昙花一现，马上就被封建主打败了。现在一些学者的研究强调，法国的扎克起义和英国的瓦特·泰勒起义有长期的准备和正规的组织，不过我认为他们似乎有点夸大其词。他们的理由是说这次起义不仅是农民起义，而且有城市内部市民反对城市上层的斗争，有城市之间的斗争，还有人民反对教会的斗争等。但是，这些并不能用来抹杀斗争主体是农民这一点，农民斗争的矛头直接指向封建政权。

1381年英国农民起义前,有约翰·保尔的长期宣传。保尔的身世不详,他长期宣传不为封建统治阶级所容的思想,被大主教开除出教,仍然坚持自己的信念,不断在群众中宣传。据夫瓦沙《编年史》记载,他说:"目前英国的光景很不好,但是将来也不能好,除非一切都变为公有的,没有什么农奴,也没有什么绅士,……领主们也不比我们高。"他还揭露封建主如何生活侈靡,而农民终年劳动,仍然食不果腹、衣不蔽体。他号召大家到国王那里去,请他为农民主持公道。[1] 后来大主教请国王将他逮捕入狱,不过三个月以后又将他放出来。另外一说是他在农民起义后被从监狱里释放出来。保尔宣传的有名口号是"当亚当耕种,夏娃纺织,那时谁是贵族",即根据群众都了解的基督教教义,世界上本来是没有贵族的,贵族阶级应该被消灭。另外,据说保尔还在起义前夕写过一些信件,号召大家起来战斗。[2]《佚名编年史》也提到,在埃塞克斯郡的农民起义反抗税吏,杀死一些官员之后,也曾经写信给肯特、萨福克、诺福克等郡的人民,要他们一起起义。[3]

虽然有这些思想发动和准备,但是这次起义仍然表现出农民一哄而起的特点。嵩尔星翰的《英国史》记载,埃塞克斯的农民

---

[1] 《中世纪中期的西欧》,刘启戈等选译,生活·读书·新知三联书店,1957年,第91—92页。
[2] 希尔顿、法根:《1381年的英国人民起义》,瞿菊农译,生活·读书·新知三联书店,1956年,第103—106页。
[3] 《世界中世纪史研究通讯》总第1期,第89页。

集合了5000人,"有的只拿着木棍,有的拿着生锈的剑,有些人拿着戟,好多人则带着被烟熏黑的弓和箭,许多箭只有一支翎毛"[1]。而《佚名编年史》则说,肯特的农民虽然聚集了许多人,却没有领袖、队长。而且起义者的王权主义思想是很严重的,他们中间流行的口号是"拥护国王理查和真正的人民"。[2]

根据最近的研究,当时英国东南部是因为农民不满而发生骚乱,而且相互串联,记载有送信人的名字。6月2日,在埃塞克斯的布朗金(Brocking)起义者举行了集会,与会群众宣誓说,"摧毁国王的各封建主和他的普通法以及领主权","摧毁国王的各封建主,英国不再有法律,除了他们自己要求颁布的那些"(这和起义群众在斯密茨菲尔德所提出的国家除了温彻斯特法之外不再有其他法律是一样的)。同时起义群众还从布朗金发出许多信件,要求各乡村参加起义。可是起义者这时的目标却不是去伦敦,而是尽可能发动群众。[3]

有学者从另一个起义领导者约翰·斯卓的行踪来说明起义者的斗争目标,说他们没有将伦敦作为首要目标。斯卓和埃塞克斯在布朗金集会的起义者有密切联系,他和他们在6月2日一起攻打埃塞克斯和萨福克边沿的利斯顿(Liston)的一个庄园,然后到剑桥郡攻打另外一个庄园。他又到了萨福克,促使那里发生起义,

---

[1] 《世界中世纪史研究通讯》总第1期,第79页。

[2] 郭守田主编:《世界通史资料选辑(中古部分)》,第187—190页。

[3] Firnhaber-Baker, J. with Schoenaers, D. edited, *The Routledge History Handbook of Medieval Revolt*, 93.

还进攻萨福克伯爵的堡垒。嵩尔星翰说他在伦敦会见了瓦特·泰勒，并且从泰勒那里领了任务，可能不确。因为斯卓很早就参加起义了。他们的目标好像是要建立自己的政权。[1]这和嵩尔星翰说的斯卓在临刑前的供述是一致的。[2]

但是，起义群众仍然到了伦敦，这也反映出起义并没有真正组织起来，也没有建立自己的领导机关和队伍。而肯特的领袖瓦特·泰勒也是被仓促推举出来的。由于起义群众人数很多，所以虽然在伦敦有300名弓箭手和300名士兵，但也不敢抵抗，农民军似乎是在伦敦市民的迎接下进入伦敦的，被吓坏了的国王只好躲进伦敦塔里。6月14日，国王被迫和农民群众在迈尔恩德见面，农民提出了自己的要求，国王满口答应，之后大主教和财政大臣被农民杀死。农民军为何能在伦敦掌握局面，居然没有封建主敢于抵抗，居然似乎轻易地就杀死了首相和财政大臣，这些都说明农民组织得并不好，他们的行动是自发的。同样，6月14日这一天，农民似乎并没有一个统一的要求，像我们后来说的迈尔恩德纲领，而这些国王都假意表示答应，所以"整天找好多书吏写赦书、特权书、申请书等赐给上述的那些人，并未因盖印或书写收任何钱"[3]。

6月16日，国王在斯密茨菲尔德再次会见了起义群众，在这两

---

1 Firnhaber-Baker, J. with Schoenaers, D. edited, *The Routledge History Handbook of Medieval Revolt*, 93-94.

2 《世界中世纪史研究通讯》总第1期，第85页。

3 郭守田主编:《世界通史资料选辑（中古部分）》，第196页；Firnhaber-Baker, J. with Schoenaers, D. edited, *The Routledge History Handbook of Medieval Revolt*, 84-85。

天的时间里,双方究竟各自发生了什么事,有什么准备和阴谋,说法不一。看来国王方面和伦敦市长有勾结,进行了准备,而农民方面,据说是因为大部分人已经散去回家,力量减弱。所以这一次瓦特·泰勒就被莫名其妙地杀死了,而且他死了之后,农民军没有任何抵抗,被国王领着离开,然后被早有准备的封建主和市长的部队大肆屠杀。1381年轰动的人民大起义就这么失败了,和扎克起义一样,农民军没有和封建主作战就溃散了。

瓦特·泰勒起义虽然有伟大的胜利,但是仍然显示出中世纪农民起义的特征。即使有思想准备,却没有组织准备。起义的领袖,约翰·保尔是宣传鼓动家,似乎后来没有在农民军中发挥作用;瓦特·泰勒是军事领袖,可是他没有时间组织训练部队,农民军宛如一盘散沙,没有作战就溃散了。这些和俄国、中国的农民战争比较之后,我们就可以研究为什么有这些特点。

(三) 地区广大问题

1381年英国农民起义并不限于伦敦,它还发生在更广大的地区,往北到约克郡和林肯郡,往南到萨塞克斯郡和汉普郡,西及格洛斯特郡和萨默塞特郡。在这一片地区内,都发生了农民起义,而且时间也很长。如苏里郡在泰晤士河沿岸的金斯顿,6月15日,起义者带着火把到某封建主的房子,说要将其焚毁,该封建主吓得交了8先令4便士,以免被杀。另外一些起义者到了克朗顿,也勒索金钱,威胁说在金斯顿的人很快就要来了。在苏里郡,6月16日曾经有起义者攻打路易士堡垒,还有一处治安法官的住宅被攻击，其记录也是被烧毁。在汉普郡的温彻斯特，6月18日，起义者攻击了王廷的羊毛集中地，将其记录付之一炬，并杀死了那里的一个官员。[1] 各地的起义都在后来遭到血腥镇压，许多农民被杀。

二 德国农民战争的过程

德国农民战争是西欧中世纪一次声势浩大的农民战争，甚至被称为德国的第一次资产阶级革命。但实际上，它斗争的时间也并不长久，而且暴露出许多农民战争的特点，也可以说是其缺点。

德国路德宗教改革后，已经有许多人信奉了新教，因为新教宣传只信仰圣经，按照圣经中的指示生活。农民中也有不少人信仰新教。1524年，在士瓦本地区，觉醒了的农民组成军队反对封建主。8月，起义的农民推举汉斯·米勒为首领，集合1200余人，开赴位于莱茵河北岸的瓦尔茨胡特，在这里和市民一起成立了新教兄弟会，印刷了许多传单，送往德国各地，倡议除了皇帝，不再服从其他领主，要把属于堡垒、修道院、修士的东西统统捣毁。此时，受人民欢迎的传教士胡布迈尔也来到瓦尔茨胡特，农民的力量更为壮大。贵族组成的士瓦本同盟正忙于在意大利作战，无法对付农民，就假意举行谈判，规定由地方法院审理农民

---

[1] Firnhaber-Baker, J. with Schoenaers, D. edited, *The Routledge History Handbook of Medieval Revolt*, 85.

的要求，轻信的农民军就解散回家了。但是，回家之后，贵族照旧要他们服劳役，交纳各种租税。

愤怒的农民在士瓦本各地都发动起来，组成自己的武装队伍赫部农军。在乌尔姆南方，组成了巴尔特林根农军，有众万人；先后成立的还有上阿尔部农军、博登湖边的湖军、下阿尔部农军和莱普海姆农军。这样共有六支农军，一共有三四万人，形成很强大的军力。但是，农民军中派别很多，主和派占据多数，代表他们要求的是十二条款。坚决要求消灭贵族领主的是少数，他们的纲领是书简。关于农民军的纲领我们以后会讨论的。农民军中也良莠不齐，其中参加农民军的雇佣军最为激进，但他们是为了抢劫发财才来的，为了利益随时可以叛变农民的事业。农民本身也有不少喜欢从事抢劫、杀戮，大吃大喝，缺乏斗争目标的人。[1]其中不乏小偷、骗子，而且一些农民也不愿意打仗，甚至实行每四周就轮换回家的制度，他们就是希望通过四个月的服务，抢劫许多财物，然后就回家，告别农民革命了。[2]

农民军的战斗力也各不相同，像阿尔部农军，这些人习惯于作战，装备也好。而黑森林农军就不是那样有战斗力，他们往往雇人代替。雇佣军参加农民军败坏了风气，带来许多问题。农民军的武器装备，总的说来是冷兵器，火药、大炮都比较少，尤其缺乏骑兵，而这是贵族比农民军优越的地方。农民军的财源，主

---

[1] 戚美尔曼：《伟大的德国农民战争》上，北京编译社译，第344页。
[2] 同上，第394页；《伟大的德国农民战争》下，北京编译社译，第524页。

要是没收教会的财产,特别是修道院的财产,因为许多修道院都集中了大量剥削所得,有现金、金银器皿,所以农民军每到一处,往往抢劫修道院财产。农民军的军需供应也不及时,有时武器装备和粮食供应不上,使战争难以继续。

前已指出,德国这时的阶级关系十分复杂,贵族、骑士,是革命的对象,是农民坚决反对的。可是,这时通过宗教改革,出现了一批新教诸侯和骑士,他们在宗教信仰上和农民会走到一起,有时也参加农民阵营。而农民呢,因为骑士有军事经验,能指挥作战,所以也愿意吸收骑士当农民军的指挥官。如他们要骑士格茨·冯·贝利欣根当他们的指挥官,甚至带有强迫的意味。最后贝利欣根虽然勉强同意了,但他只是利用农民军报自己的私仇,设法降低农民的革命要求,最后使农民军遭受损失。[1] 当然,也有像弗洛里安·盖尔这样的骑士,参加了农民军阵营以后忠贞不渝,为农民的革命事业不惜牺牲自己。

农民反对教会和高级教士,但是低级教士往往是农民利益的代言人。他们说,人人应该自由,除皇帝以外,不应该再有任何君主,所有参加士瓦本同盟的人,每一个反对基督教兄弟会的人,都应该被打死,并且毁掉他们的一切。在教士的鼓动下,广大农民早早就活动起来,在思想家考虑如何建立德国的新政权之前,农民已经用行动来回答时代的要求了。至于城市,因为德国的城市往往受封建主的盘剥和压迫,他们在农民起义中会保持中

---

[1] 戚美尔曼:《伟大的德国农民战争》下,北京编译社译,第529—538页。

立,有时担任仲裁者的角色,有时会站在农民一边,这就使德国农民战争形成复杂的关系。

1525年3月,广大的农民起义在士瓦本地区爆发,士瓦本同盟的指挥官特鲁赫泽斯赶快前来镇压。但他没有足够的兵力,于是假意和农民军谈判,然后乘势袭击莱普海姆的农民军,处死了为农民传道的牧师汉斯·雅各布·韦厄和其他农民军领袖。消息传来,起义的农民军大为愤怒,到处攻击封建主的城堡,抢劫贵重物品,然后加以破坏。包括特鲁赫泽斯的城堡也被破坏了。特鲁赫泽斯的部队不断追击农民军,打了几仗,不过没有什么战绩。

1525年3月,法兰克尼亚地区也爆发了广大的农民起义,大致分布在内尔特林根、安斯巴赫、罗腾堡、班贝克、维尔茨堡和比尔德豪森六个地方。

内尔特林根的农民举行的起义,得到当地城市市民的支持,副市长安东·福尔纳站在起义群众一边,罢免了原来的市长,自己担任了市长。他富有作战经验,掌握了市政府后,积极支持农民的起义活动。在温茨海姆,那里的市民和农民由于受到传教士的影响,一直在酝酿起义,市民不久就占领了市政机关,并且和农民取得联系。与此同时,班贝克也发生了市民和农民的起义,起义群众捣毁主教府邸和修道院,撕毁许多案卷和证明农民奴隶身份的文件,占领了市政府。

起义农民组成了华美军,以文德尔·希普勒为领导。文德尔·希普勒是一名律师,曾经在海尔布隆供职,但他同情农民的事业，号召起义反对封建教会和封建主。和希普勒在一起的还有耶克莱因·罗尔巴赫，他是小酒店主，因为负债累累，受到修道院的追究。他策划了起义，逐渐集合起1500人的队伍，后来华美军发展到8000人之多。小贵族格茨·冯·贝利欣根也参加了农民军，这个人时常拦路抢劫，干盗匪勾当，但他也痛恨诸侯、大贵族和修道院修士，所以也参加了农民军，而且还颇有号召力。华美军中最有战斗力的是弗洛里安·盖尔领导的黑军，他虽然出身骑士，但参加农民军后为之奋斗不息，值得尊敬。

华美军向魏因斯贝格进军，这里的行政长官是黑尔冯斯泰因伯爵，他一方面争取其他封建主前来支援，以免无法抵挡农民的进攻；另一方面仍不断袭击农民军，打死、刺伤他们中的很多人。农民军被激怒了，这时又传来特鲁赫泽斯处死许多农民的传闻，于是农民军决定袭击魏因斯贝格。农民军派出两名使者，要求封建主投降，但遭到对方用火枪射击，于是农民军发动进攻，黑军首先攻进城内，防守者发生分裂，市民主张投降而骑士仍然在抵抗。伯爵发现根本不可能抵挡住农民的进攻，于是准备突围逃走，但已经来不及了。农民潮水般地涌入城内，他们要求市民赶快躲回家中，可以不加伤害，但对骑士、贵族绝不饶恕。许多人就这样被杀死了，还有许多人被俘虏了。农民军抢劫了贵族的财产，大吃大喝。取得胜利的农民军首领开会讨论政策，弗洛里安·盖尔主张摧毁贵族宅第，赶走主教座堂主持、教士和诸侯，所有人一律平等。文德尔·希普勒则想把贵族、骑士争取到农民这一边来，取消平民的一切负担，用没收教会财产来补偿世俗领主因农民不交纳各种税赋而造成的损失。而耶克莱因·罗尔巴赫只是想消灭一切贵族,他利用看管俘虏的机会,把他们统统杀死,包括黑尔冯斯泰因伯爵,让他们接受了古老的刺刑,即赶着俘虏在农民穿刺的标枪中走过,用不了多久就都被刺死了。

弗洛里安·盖尔对屠杀骑士的事件不满,脱离了华美军,从此农民军发生分裂,分道扬镳,造成不可弥补的损失。[1]

农民军取得胜利后,进军海尔布隆,海尔布隆市议会由于害怕,接受农民入城。农民军在海尔布隆讨论了改组问题,废除四周轮休制度;录用雇佣军加入农民军,以加强战斗力。他们决定选择一名指挥官,但竟然选择了贵族贝利欣根担任,这个人完全是贵族气质,只是暂时迫于形势而加入农民军,他掌握大权后,和原来海尔布隆的市政官员贝尔林修改了十二条款,规定:1.不得擅自抢劫,更不得煽动他人外出参加农民军;2.利息、地租和债务在帝国改革以前照旧交纳;3.不得损害教会官厅和世俗官厅的任何田产,属于教士的田产应交给可靠的人妥为保管;4.必须遵守本乡镇的法律;5.一切城市、村庄和乡镇的所有臣民都应服从主管官厅,违法者将受到惩罚等。这样就把农民起义的要求完全废除了,而要求农民重新服从贵族和封建政府。当农民知道这一条款后,群情激愤,他们喊叫着要杀死起草条款者,一些农民军脱离了华美军,自己进行活动去了。[2]

---

[1] 戚美尔曼:《伟大的德国农民战争》上,北京编译社译,第495页。
[2] 戚美尔曼:《伟大的德国农民战争》下,北京编译社译,第535—538页。

5月，士瓦本同盟的部队在特鲁赫泽斯的率领下，向农民军扑来。农民军在符腾堡被打败，指挥官耶克莱因·罗尔巴赫牺牲。文德尔·希普勒在海尔布隆召集了多支农民军领导人的会议，拟定了海尔布隆纲领，这是一个代表了市民甚至资产阶级利益的文献，企图统一德国，使之走上资本主义道路，而农民的要求被弃之不顾。而且，在当时的条件下，这个纲领也是不可能实现的。当他们还在讨论时，特鲁赫泽斯的部队已经打到海尔布隆门口了。前面提到的贝尔林立刻投降，文德尔·希普勒上马逃之夭夭。

特鲁赫泽斯的部队向西推进，进攻弗劳恩贝格，遇到华美军和黑军的共同抵抗，没有得到多少战绩。5月底，农民军到达克劳特海姆，有众2万余人，完全可以和封建主的部队决一死战。可惜华美军的主帅贝利欣根已经偷偷向政府军投降了，他设下奸计，使这支农民军和前来支援的法兰克尼亚的农民军不能会师，结果被特鲁赫泽斯击溃。经过苦战，奥德瓦尔德和内卡河流域的农民军都失败了。

1524年底，人民宗教改革的宣传鼓动家托马斯·闵采尔在士瓦本、亚尔萨斯、法兰克尼亚等地进行宣传活动后，回到图林根的米尔豪森城，这是一个帝国自由城市。闵采尔和他的同志普法伊费尔一同工作，联系到大批信徒，他们迫使市政府进行改组，组成了8个人的市政委员会，（1525年3月）乡下的农民也纷纷涌进城市，和激进的市民配合。闵采尔宣传在上帝面前人人平等的思想，号召实行财产公有，城内教堂的财产都被平民洗劫一空。这样的骚动向四面八方蔓延，遍及图林根各地。许多地方都成立了农民军，闵采尔和他的弟子建立了基督教联盟，成为起义的基础。在富尔达，在赫斯费尔德，在瓦特堡（就是马丁·路德翻译圣经的地方），都建立了农军，瓦特堡的农军有8000人之多。美因茨大主教的所在地埃尔富特也被革命市民和农民占领。人民运动传播到萨克森地区，集合起好几千人的农民队伍。闵采尔继续号召大家起义，他在写给他们的信中说："前进，前进，前进！现在是时候了。恶人如丧家之犬已经绝望。要在乡村和城市鼓动起群众……让你们的宝剑染上热血。要在战神的铁砧上把恶人打烂，把他们的碉楼掀翻。"[1]

闵采尔的策略是在米尔豪森进行认真的准备，他深知这里的人民，图林根的人民，和士瓦本、法兰克尼亚的人民不一样，那里的人民经历过战斗的洗礼，有战争经验，可以组成优良的部队。而图林根人民是只知道种地的农民，没有经受战斗训练，所以应该认真准备。可是普法伊费尔和他的观点不一样，他认为要赶快起事，要走向战场，反对闵采尔的长期准备策略，甚至要把闵采尔驱逐出去。闵采尔迫不得已，只好跟着普法伊费尔发动了起义。普法伊费尔打了几次胜仗，闵采尔被迫也率领农军出征，取得了一些胜利。这些胜利使农军冲昏头脑，他们占领了修道院，没收那里的物资和钱财。这时封建主以黑森侯爵为首，率领大军向农民起义军扑来。农军退入富尔达，并且加强了富尔达附近弗劳恩山的防守。但是侯爵的大炮猛烈开火，攻占了弗劳恩

---

[1] 戚美尔曼：《伟大的德国农民战争》下，北京编译社译，第706页。

山，进一步向城市进军。市民打开了城门，农军随即溃散，许多领袖被斩首，侯爵转而追赶驻扎在弗兰肯豪森的农军。附近装备精良的法兰克尼亚农军没有前来救援，甚至米尔豪森的普法伊费尔也没有派军队前来。闵采尔到处求援，不过没有什么结果。他仍然尽力准备抗击封建主的七个诸侯的联军。他在当地实行征兵制，附近农民纷纷前来参军，他集合了8000人的队伍，可是这些人缺乏训练，也没有战斗经验，其中还有不少主和派。他们派人向诸侯请求宽恕，但是诸侯们不宽恕闵采尔，并且扣留了谈判代表。闵采尔在四处无援的情况下，仍然极力鼓励农民和封建主决战，他把叛变的贵族和教士斩首示众，稳定了军心，但这时封建主乘农民军以为还在谈判之时，突然发动进攻，炮弹雨点般地落到农军的阵地上，农军四散逃跑，溃不成军，被封建主大肆屠杀；闵采尔被俘，受尽严刑拷打。接着，封建主的军队围攻据守米尔豪森的普法伊费尔的农军，这里有1200名武装起来的市民，但是他们却和萨克森选帝侯展开谈判，准备投降。普法伊费尔带领他的亲信一起逃走，被诸侯抓住杀死。闵采尔也在米尔豪森英勇就义。萨克森和图林根的农民战争就彻底失败了。

1525年4月，在阿尔萨斯和蒂罗尔，也爆发了农民起义，这是德国农民战争的最后一战。起义的农民占领了萨尔斯堡，击溃了贵族的骑兵，将俘虏的贵族杀死，以报他们残杀农民之仇。蒂罗尔农民起义的领导人是盖斯迈尔，他多次打败封建主的军队，1526年撤退到威尼斯继续斗争，不幸被敌人所雇的刺客杀害，德国农民战争宣告结束。

三 东欧农民起义的过程

东欧的农民起义我们以俄国的普加乔夫起义为代表叙述。普加乔夫起义发生在18世纪，在俄国著名女皇叶卡捷琳娜二世统治时期。这比发生于14世纪西欧的扎克起义和瓦特·泰勒起义要晚了四百年，所以对比时也可以考虑到世纪差距造成的不可比性。俄国的农民战争因为时间晚，当然表现出在组织、纪律、认识等方面都要强得多。从起义进程来看，俄国的这次起义持续两年之久，起义者组织起一支真正的军队，和政府军多次作战，而且还打了不少胜仗，和西欧的农民军不战而败是很不相同的。这种不同当然有时间差距造成的，也有其他原因。我们就做一分析。

这次起义最大的特点，即它是俄国的哥萨克起义。前已指出，哥萨克是熟悉军事的人员，一向习惯于作战。他们或者从事狩猎、打鱼、制盐，也进行农耕；或者进行抢劫，抢掠南边的土耳其人和鞑靼人。他们有自己的平等主义，有自己的军事组织，内部也产生了不平等，不过大部分人仍然保持着平等的观念。这是哥萨克起义的优点。

根据苏联学者斯米尔诺夫的意见，普加乔夫起义可分为三个时期，第一时期为1773年10月—1774年3月，这时主要是围攻俄国东南部的奥伦堡时期。普加乔夫起义的地点在雅依克河附近的雅依克哥萨克聚居的地方，他自称彼得三世，在叶卡捷琳娜的暗杀下死里逃生，答应给予哥萨克以自由、土地、草地、河流、薪饷、火药等，附近的哥萨克都起来响应，拥护好沙皇彼得三世。

当地的少数民族卡尔梅克人、鞑靼人、巴什基尔人、楚瓦什人也纷纷起来响应，很快就集结起队伍，有2.5万人之众。这支军队不是乌合之众，因为哥萨克一直就是有组织的战斗部队，其他参加起义的少数民族和农民、工人、城市贫民，也都按照哥萨克的组织方式组织起来。他们组织起军事委员会，既是军事指挥机关，也是政府机关；既指挥作战，也进行军需供应工作和法庭审判。下面的军队组织也和哥萨克军事组织相似，有各级军官和兵士。普加乔夫是最高长官，他本人是个文盲，他的周围亲密朋友组成指挥中心，大部分也是文盲。附近乌拉尔地区的工厂，特别是冶金工厂的许多工人参加起义，其中有索科洛夫，是炮兵指挥官；还有以巴什基尔人为基础组成的骑兵部队，其指挥官是尤拉耶夫。

普加乔夫起义的部队主力军划分为几个团，由团长率领，团下面分为连，每连约100人。指挥官由大家选举产生，要一致同意，但纪律比较松弛。起义军有骑兵、步兵和炮兵。大炮不少，大都是从沙皇军队那里缴获来的，自己工厂生产的很少。兵士大都使用冷兵器。部队的供应有专门的国家军事委员会负责，他们从敌人那里夺取粮食、金钱、武器装备等，同时也用金钱向百姓购买粮食供给军队。有时还向兵士发薪饷，不过这没有统一规定，如果没有钱就不发。起义军有根据哥萨克的战争经验形成的一套战略、战术，所以能和沙皇的军队进行长期战斗，而且数次打败他们。

起义军没有攻打雅依克城，也没有去攻占莫斯科，而是围攻俄国东南重镇奥伦堡。这时，俄土战争正在进行，沙皇的部队主要在土耳其前线，莫斯科防守空虚，所以论者往往说起义军不去莫斯科是一大失误。其实不能过高估计农民起义的指挥、判断能力，他们当时还不知道究竟如何发展，只看到奥伦堡是当地重要堡垒就全力进攻。奥伦堡防守坚固，有城墙、壕沟，有大炮和3000多精锐士兵。普加乔夫的军队用大炮猛烈攻城，但是一直没有突破，于是采取包围战术，这时沙皇政府不断派遣军队前来救援，普加乔夫的部队几次打败政府军，杀死其指挥官。起义军虽然兵力众多，却分散成几支，统一指挥比较困难，组织不成一支集中的力量。这也是农民战争的一般弱点所决定的。到1774年3月，普加乔夫的军队被打败，损失不小，一些指挥官失踪，大炮也丢失了，于是只好退却到乌拉尔地区，起义进入第二时期。

1774年4月—1774年7月是起义的第二时期。这时普加乔夫进入乌拉尔地区的工厂，许多工厂的农奴工人起来追随普加乔夫，他的兵力又复加强。据说在当地的124个工厂中，有62—69个工厂的工人参加了起义军。[1]普加乔夫从这里向喀山推进，6月渡过了卡马河。喀山守军一片惊慌，一些军队还投靠了普加乔夫。很快他就进入外城，打开牢狱，释放囚犯，并且向内城发动猛烈进攻。但这时追击他的政府军已经逼近，他只好放弃攻城。在和前来的政府军的战斗中，普加乔夫军队最终失败，2000人阵亡，1万人被俘。他退向伏尔加河上游。

1　孙成木等：《俄国通史简编》上册，人民出版社，1986年，第339页。

1774年7月—1775年8月是起义的第三时期。伏尔加河是农耕地区，在这里普加乔夫军队的成分发生了很大改变。原来的哥萨克已经不愿意再战，早在喀山战役失败后，他们就要求去莫斯科，让普加乔夫称帝，这样他们就可以安心地回家了。普加乔夫拒绝了他们的请求，因为他知道这不可能，所以哥萨克逐渐脱离他的队伍。这时普加乔夫的军队主要由农民组成，手持斧头、木棍，没有战斗经验，也没有受过训练，组织性极差。而由于时间紧迫，也不可能对他们进行训练和整顿，普加乔夫认识到这点，知道靠这支部队不能和政府军作战，所以决定向他的老家顿河前进，那里可以再次组织起战斗部队来。与此同时，政府军的战斗力却在增强，7月10日俄国和土耳其签订了和约，这样就可以把大批军队调动到围剿普加乔夫上来。

农民起来响应普加乔夫号召的人很多，他已经有1万多人的大军，但是战斗力不强。许多起义农民军都是独立行动的，忽起忽灭，不断被政府军打败，也不断起来造反。他们和普加乔夫的主力部队也没有什么联系，所以不能起太大作用。越过伏尔加河后，普加乔夫的军队受到许多民众的欢迎，许多城市都向这位彼得三世开门投降。但他和政府军的作战却再一次失败，损失巨大。这时他身边的哥萨克密谋抓住他向政府投降，9月他们的阴谋终于得逞，普加乔夫被他们送给沙皇政府，于1776年1月牺牲，残余的起义军还有一些战斗，不过最后仍然遭遇失败。政府军大肆屠杀农民起义者，许多农民被杀或者被流放，这次俄国历史上最伟大的农民战争终于以失败结束。

四 捷克的胡斯战争

（一） 胡斯战争的背景

捷克的伟大农民战争——胡斯战争发生于15世纪，比俄国的普加乔夫农民战争早三百多年，比英法的农民起义晚一百多年。它组成了强大的农民军队，和反动势力进行了持久的战争，并且不断取得胜利，建立了自己的政权机关。它的成就，比俄国的农民战争和英法两国的农民战争都要巨大，在欧洲农民战争史上很值得研究。

捷克人属西斯拉夫人。西斯拉夫人原居住在易北河以东，奥得河、维斯瓦河之间的地带，捷克人和摩拉维亚人居易北河上游、摩拉瓦河等地，波兰人居奥得河、维斯瓦河流域。9世纪时，以摩拉维亚为中心曾形成大摩拉维亚国家，但并不牢固，在遭到匈牙利入侵后，10世纪时即分裂瓦解。

10世纪末，捷克国家形成，分裂割据势力严重，其王公长期依附于神圣罗马帝国。1086年，皇帝亨利四世（1056—1106）授予弗拉提斯拉夫二世（1062—1092）以国王称号。1158年，皇帝红胡子腓特列一世（1152—1190）因为捷克在和意大利城市的斗争中支持他，允许捷克王位可以世袭。13世纪起，捷克势力逐渐强大，成为帝国内部的一支重要力量，是帝国七大选帝侯之一。这样，捷克的历史就和德国联系在了一起。

德国人属日耳曼人。中世纪时，他们不断从易北河向奥得河移民。由于人口增加，许多日耳曼人背井离乡，向空阔的奥得河地区谋求生活，在那里开垦土地。德国封建主也向奥得河地区移居，占领空旷的土地，招徕日耳曼农民前来耕种。所以日耳曼人不断渗透到斯拉夫人的土地上，形成自己的村落，和斯拉夫人的村落错杂居住。前来的移民不仅有农民，也有手工业者和商人。波兰和捷克的手工业相对落后，具有较高技艺的工匠的到来，刺激了当地工商业的发展，促进了城市的兴起。12世纪时，捷克的厄尔士山发现了银矿，吸引大批德国矿工和商人涌入捷克开采，使捷克的城市迅速发展。捷克国王为了发展工商业，也招徕德国手工业者和商人前来，赐予他们特权证书，让他们在捷克城市居住和发展工商业。

德国移民在捷克势力很大。捷克的教会、修道院几乎全由德国人建立，也由他们掌握。高级教士大多是德国人，修道院中的修士也有很多德国人。德国人掌握的教会在捷克占领着广大的土地，剥削大量当地农民，也剥削移居来的德国农民。捷克的城市贵族几乎全是德国人，据统计，1374—1383年，布拉格最富有的520个市民中，德国人有324人，占62%；捷克人有110人，占21%。[1] 由于政治上捷克属于神圣罗马帝国，捷克贵族也有许多人日耳曼化，当然也有许多仍然保持自己的生活习惯，广大的农民和手工业者则当然保持着捷克自己的传统。

1310年，皇帝亨利七世（1308—1313）之子，卢森堡家族的约翰得到捷克王位（1310—1346），开始了捷克的卢森堡王朝。这

---

[1] 鲁勃佐夫：《胡斯战争》，叶文雄译，生活·读书·新知三联书店，1961年，第28页。

时捷克的国会也逐渐正规化，由过去偶尔召开变为经常召开。捷克的国会和英国的议会、法国的三级会议不同，它只有教、俗封建主参加，没有城市代表。大封建主本人亲自出席，小封建主则派代表参加。讨论的事项多为决定税收和制定法律，只有当事情特别涉及城市利益时，才让城市的代表前来参加。约翰不大过问国内事务，把大部分精力用于对外战争，在百年战争中帮助法国反对英国，1346年在克雷西之役中阵亡。

约翰之子查理继承王位，为查理一世（1346—1378），他不久当选为德皇，是为查理四世（1347—1378），这时是捷克的兴盛时期。布拉格成为帝国朝廷所在地，大兴土木，建成许多宫殿，1348年布拉格大学成立，成为欧洲重要的文化中心之一。捷克的工商业十分发达，铁矿和银矿的开采和冶炼日益兴隆，布拉格铸造的银币流行于东西欧，武器制造也十分发达，特别善于铸造大炮，此外，纺织、玻璃等工业也相当著名。

（二）反教会斗争和杨·胡斯

欧洲封建社会中的矛盾往往首先表现为人民大众和封建教会之间的矛盾。15世纪时，天主教会已经日益腐朽。1378年，阿维尼翁之囚结束，意大利和法国争夺控制教皇职位，西欧教会陷入大分裂。从1378年到1409年，在罗马和阿维尼翁同时存在着两个教皇，各称正统，相互攻击，把对方革除教籍，同时派人往欧洲各地征收各种捐税，委任出缺教职，以扩大自己的力量。两个教皇并存的局面招致很多人的不满，1409年，来自欧洲各国的高级教士和有关代表500人在意大利比萨召开会议，讨论结束分裂状态。会议废黜前面的两个教皇，另外选举新的教皇，可是那两个教皇都不退位，于是出现了三个教皇共存的局面，更加混乱。

反对教会腐败、要求改革的呼声在欧洲各地都有，这时以捷克最为激烈。捷克的教会贵族多为德国人，这里对封建教会的反对带有民族性质。一些捷克的下级教士不再使用拉丁语，而改用捷克语在群众中传道，揭露教会的贪婪腐败。14世纪末布拉格的伯利恒教堂成为著名的用捷克语传道的场所，起来代表人民反对封建教会和封建主压迫的著名人物是杨·胡斯（1369—1415）。胡斯出身于农民家庭，青年时进入布拉格大学学习，后来在该校任教，一度还当选为校长。他同时担任伯利恒教堂的传教士，又是捷克王后的解罪神父，可以说是重要的政治活动家。胡斯的讲道活动揭露高级教士贪婪无耻，生活腐败，对人民进行剥削。他要求教会改革，取消教会地产，废除豪华的宗教仪式，神职人员应该服从世俗政权等。胡斯的讲道受到下层人民的热烈响应，也引起教会的恐惧。他们极力限制他的活动，后来甚至禁止他讲道。但胡斯毫不退缩，他的斗争越来越激烈。

1412年，教皇约翰二十三世（1410—1415）派使节到捷克售卖赎罪券，宣称无论犯下什么弥天大罪，只要花钱购买相应的赎罪券，就可以得到上帝的赦免。胡斯向群众大声疾呼，猛烈攻击售卖赎罪券的行为。1412年6月，愤怒的布拉格市民游行反对赎罪券的出售，遭到教会和市政当局镇压，有三名手工业者被处死，激起群众更大的抗议浪潮。胡斯也更加激烈地攻击教会和教皇。

捷克国王瓦茨拉夫四世（1378—1419）庇护胡斯，让他离开布拉格，免受教会惩罚。胡斯到捷克南部的山羊堡等地向人民群众传教，他的思想更加激进，从抨击教会进而批判封建社会的剥削、压迫，攻击封建社会的不平等，寄予人民群众同情，要求改善他们的生活。

1414年，为了结束教会的分裂状态，在帝国的康士坦茨召开宗教会议，出席的有皇帝、卢森堡家族的西吉斯蒙德（1411—1437）、西欧各国王使节、许多大主教和主教等。会议要审判异端，胡斯被命令前来受审。皇帝说保证他的人身安全，而且答应让他回到捷克去。可是他到达后，就被背信弃义地逮捕并且投入监狱。宗教会议的反动教士想消除胡斯的影响，强迫他放弃自己的学说。胡斯拒绝放弃，结果他被判处为异端，于1415年7月被烧死。

（三）胡斯战争

胡斯的牺牲引发了捷克的农民战争，这是一场因宗教教义不同而进行的战争，也具有捷克人民反对德国封建主侵略的性质。战争时间长达十余年，并且多次取得胜利。

胡斯战争中农民军的左翼称为塔波尔派，因以南部的塔波尔山为据点而得名，后来他们更在此地建立塔波尔城。这一派包括农民、城市平民、矿工和部分小贵族。农民军的右翼包括小贵族、城市中等阶层、一部分大贵族，他们也反对德国封建主的过分压迫，想在战争中剥夺教会地产为自己牟利。

塔波尔派的农民运动初起时是所谓的上山运动，即到山上去听激进的传教士讲道，后来群众留住山上，成为军事训练的先导。塔波尔农民军逐渐成形。许多农民离家，带上粮食到集合地点，把粮食放在一起，大家共同享用。这样形成了塔波尔的军事共产主义，所有带来的粮食、金钱、其他用品，都充入公共仓库，共同享用。从敌人那里缴获的财物也当作公共财产，归指挥官掌握，按照需要分发给部队和战士。塔波尔的成员男女平等，彼此皆是兄弟姐妹，全体成员分成两部分，一部分作战，另外一部分生产，两部分人定期轮换。管理塔波尔的是大家共同推选出来的指挥官，指挥官是终身职务，他们同时也管理其他行政、司法事务，遇有重大问题，由全体大会讨论决定。

仓促组织起来的塔波尔农民军能够打败训练有素的封建主的部队，首先是因为他们进行的反压迫、剥削的正义斗争，全军士气高昂，斗志旺盛，能够忍受艰难困苦，而又团结互助，服从指挥，纪律严明。其次，在战斗中，塔波尔农民军发挥了自己的特点，拥有了不同于封建主部队的装备。他们将农民的木质大车改造成军用车辆，把它连接起来就成为坚不可摧的环形堡垒，农民军战士可以留在里面抵抗敌人的攻击；把战车分开又可以变成军用的运输车辆，成为行军时的重要后勤保障装备。农民平日使用的农具，如草叉、镰刀、斧头，都成为农民军的有效武器。特别是他们改造了打麦用的连枷，使之成为在大车上打击笨重骑士的重要武器。塔波尔军的工匠还制造出了大炮，可以用当时先进的火器打击敌人。再次，塔波尔农民军还有天才的军事指挥官，如杰士卡、普洛科普等。他们是小贵族,但是投身人民群众的革命事业。他们曾受战斗训练和有战争经验,会组织、指挥农民军作战,不断打败封建主的军队,建立了巨大的功勋。

1420年,教皇马丁五世宣布成立讨伐胡斯派的十字军,皇帝西吉斯蒙德积极参加,组成了德国封建主和其他国家的雇佣军联合的一支大军,进攻胡斯派占领的布拉格。这时,一部分捷克大封建主、中等市民也都反对前来讨伐的部队,防守布拉格。农民军在天才统帅杰士卡的率领下,在布拉格南面的维特科夫山把西吉斯蒙德的部队打败,皇帝狼狈逃走,农民军取得胜利。农民军开进布拉格,和城市中等市民合作,控制了布拉格的政权。他们驱逐了城中的德国贵族,没收了这些德国人和天主教的财产,分给参加武装斗争的战士,还取缔了一些修道院。塔波尔派的农民军在捷克四面出击,多次打败前来讨伐的封建主的部队,还占领了皇帝西吉斯蒙德的大本营古登堡。但农民军内部也有矛盾,中等阶层(包括市民、小贵族和一部分大贵族)信赖的是布拉格四条款:一是要求自由宣传神的言论;二是要求俗人可以用酒杯领圣餐(因此他们被称为圣杯派);三是反对教士的世俗政权,使他们不能拥有财产;四是限制宣传神的言论应该受到处罚。塔波尔派的纲领是千年太平说,即耶稣受难后将第二次降临人间,建立起正义、平等的王国。那时地上没有国王,没有统治者和臣民的区分,一切租税和劳役将被废除,私有财产也没有了,人们像兄弟姐妹那样生活下去。所以,塔波尔派反对封建制度,打击天主教会,号召消灭剥削者。塔波尔派中最激进的分子是毕卡特派，他们反对一切剥削和暴力，要求人人像兄弟姐妹一样生活。塔波尔派和毕卡特派发生了冲突，后者遭到镇压。农民军的力量被削弱。1422—1423年，农民军打败第二次、第三次十字军，杰士卡虽然在战斗中受伤，双目失明，仍然指挥了数次战斗。由于政见不同，宗教的解释也不同，圣杯派和农民军中的塔波尔派也数次发生斗争，不过他们往往还能携手对抗封建主的军队。1424年，杰士卡指挥农民军取得一次伟大的胜利，于马列肖夫击溃封建主的部队，歼灭敌人1万多人。杰士卡于1424年因病去世，农民军由普洛科普等继续指挥，仍然多次打败皇帝的队伍。1426年，皇帝西吉斯蒙德组织起第四次十字军，但仍然被农民军打败，而且农民军更进一步把战争扩大到国外，向匈牙利、西里西亚、奥地利、巴伐利亚等地的封建主发动进攻，取得不少战绩。1429年皇帝曾经被迫和农民军举行谈判，但谈判没有任何结果。1431年，农民军击败了封建主的第五次十字军，敌人看到战争不能取胜，改用挑拨离间，鼓动胡斯派中的圣杯派叛变。1434年发生了里旁战役，农民军被打败，普洛科普阵亡，塔波尔派遭到镇压。残余的农民军继续战斗了一段时间，但免不了最后失败。

胡斯战争是一次捷克人民反对封建压迫、剥削，反对外国——特别是德国封建主压迫、剥削的战争，又是一次捷克人民反对天主教封建主压迫、剥削的战争。它不仅是一场阶级斗争，而且带有被压迫民族起来斗争的性质，它的各种诉求都带有当时人民大众容易了解、接受的宗教意义，所以能够进行长期的、反复的战争，而且取得许多胜利，农民军一度控制了捷克的政权。

但是，正是因为战争带有强烈的宗教性质，不同教义往往成为各派别政见不同的决定性力量，导致农民军中的派别之争也十分激烈，成为它失败的主要原因之一。

五　中国农民战争

中国的农民战争我想以黄巢和李自成为代表研究一下。二者相距近八百年，虽然都组织起庞大的队伍，攻下首都，建立了自己的政权，但二者的组织、领导和发展还是很不一样的。黄巢起义比较充分地表现了农民的分散性和自发性，流动作战，聚散无常，没有什么纲领、措施。李自成起义则组织性、纪律性比较好，也有斗争的目标，这些也反映历史的积淀使农民战争不断向前发展。

（一）唐末农民战争

唐代末年，均田制败坏，自耕农减少，佃农是主要农业劳动者，生活困难，受国家赋税徭役剥削很重，是反抗的主力。政治上则藩镇割据，中央政府政令不畅，软弱无力。藩镇在自己的地方上将财政、军事、行政等大权完全控制，形成了世袭职位。他们之间互相争夺、混战，不断扩充军队。这些军队皆由招募而来，成为各地节度使的私兵，兵士按规定可以带妻子一同生活，但"衣粮所给，唯止当身"，妻子等衣食全靠兵士筹措，所以他们要求节度使驭下以宽，厚加赏赐，否则就会驱逐主帅，"变异主帅，如同儿戏"。这些兵士被称为骄兵，时常哗变，给唐王朝造成很大压力。他们也参加农民起义，同时也镇压农民起义，是社会中一支不稳定力量。

在黄巢起义前夕，有庞勋领导的戍卒起义为先导。驻守徐州的戍卒号称"银刀兵"，跋扈难制，唐末因为南诏国不断进攻中原，所以调徐州戍卒驻守桂林，按规定应该三年一换，但他们已经超期六年而不得更代，所以于868年7月发动起义，杀死都头王仲甫，推举粮料判官庞勋为首，夺取兵甲，然后向故乡徐州进军。戍卒起初只是要求回家，所以他们沿途避免和政府军发生冲突，等到了泗州，距离家乡不远，庞勋等就和部下说，我们回家是违抗命令，上级已经下令进剿，如今只有起而造反。所以这次斗争是戍卒起事，还不是农民起义。徐州观察使崔彦曾在经过一度犹疑后，决定出兵进剿，派元密率领3000人出战，并要求宿州和泗州也都出兵。庞勋避开敌人主力，一举攻克宿州，"悉聚城中货财，令百姓来取之，一日之中，四远云集，然后选募为兵，……自旦至暮，得数千人"[1]。庞勋本来没有长久的斗争计划，原来夺取宿州城的大船300艘，载满粮草，欲入江湖为盗。在行军途中击败官军，杀死元密等诸将，知道彭城没有守军，于是进攻彭城，攻下彭城后活捉了崔彦曾，杀死其部下将领。即日城中愿附从者万余人。许多农民"父遣其子，妻勉其夫，皆断钼首而锐之，执以应募"[2]。

---

[1]《唐纪》六十七，《资治通鉴》卷二百五十一，商务印书馆影印版，第5页。
[2] 同上，第7页。

虽然取得了很大的胜利，但庞勋仍然是一个戍卒中的小军官，他的斗争目标就是想向朝廷求节钺，缺乏农民起义应该有的气质和志向。庞勋领导的农民起义军向东南发展，11月间，占领山东、江苏、安徽广大地区，有众20万，唐朝廷这时也感到情况严重，令各地大军集合，包括调拨了少数民族沙陀、吐谷浑的军队，达20万之众，进攻农民军。庞勋的军队击败进攻的官军，包围、歼灭其中一部达3万人，但是庞勋仍然没有积极进取，而是因为胜利更加自满，日益骄傲，多事游宴，战事逐渐不利。869年9月，农民军中的官军将领张玄稔背叛，导致庞勋兵败被杀。驻守濠州的农民军将领吴烔继续战斗，坚守数月，连妇女、儿童也上城击贼，10月最后失败，这次以戍卒起事的农民起义就完结了。但是，"唐亡于黄巢，而祸基于桂林"，这次事件还是黄巢起义的先导，是十分重要的。这次起义的教训是，起义的核心是戍卒，他们受封建政府影响很深，缺乏推翻封建政权的目标，只要求在封建政权下有比较好的生活待遇，得不到就剽窃为盗，起来反抗。后来参加的农民群众很多，但看来没有成为核心，他们的意见起不了大作用，而他们的战斗力肯定没有戍卒那么强，聚集起来人数不少，但战斗不利就四散，所以经过两年苦战最后终于失败。

王仙芝、黄巢起义

起义由王仙芝首倡，黄巢推翻唐政权。他们二人都是私盐贩，唐朝的私盐贩都是武装走私团伙，和政府军斗争，有战斗经验。黄巢还有文化,说他多次到长安参加科举考试,都没有成功,流落到贩私盐为业,这样和下层群众有了联系,逐渐产生了对政府不满的思想。王仙芝于唐僖宗乾符二年(875)起兵于家乡长垣(位于今河南),参加者有尚君长、尚让等,他们集合3000人,攻下巢、濮二州,这时黄巢也起兵参加进来,声势浩大。王仙芝自称"天补平均大将军",传檄诸道,指斥唐朝"吏贪沓,赋重,赏罚不平"。他们的队伍转战于山东境内,河南、淮南人民纷纷起来响应。乾符三年(876),攻下汝州,包围郑州,逼近唐朝东都洛阳。唐朝调动军队,企图围剿农民军。农民军于是向南退却,进军到江、淮、河、汉之间,流动作战,这主要是因为政府军实力强大,黄巢等在他们防守薄弱的地方流动,便于攻城略地,取得一些成果。乾符三年,王仙芝、黄巢进攻蕲州,统治阶级这时看见王仙芝有动摇心态,于是设计诱降,许给王仙芝一个小官。有一天晚上,请王仙芝、黄巢等入城,置酒欢宴,并且许诺王仙芝为左神策军押牙兼监察御史。黄巢大怒,对王仙芝说,起初约定共同横行天下,今天你一个人当官去了,那原来一块起事的5000人怎么办?举手殴击王仙芝,把他的头也打破了。到达的其他农民首领也一起反对接受招安,乃大掠蕲州而去。农民军因此也发生分裂,王仙芝率领3000人,黄巢领2000人,分开活动。但王仙芝再次发生动摇,派尚君长去谈判,结果尚君长被杀害,王仙芝因而大怒,举兵再战,于878年战败遇害。

黄巢和王仙芝余部尚让合兵,向北方发展,再克沂州、濮州,威胁东都洛阳,但数次被官军击败。这时朝廷派出重兵,四面堵击。黄巢为打破被包围的局面，向政府请求投降，唐僖宗下令让黄巢做右卫将军。黄巢躲过了被包围歼灭的命运，于是向南发展，进入江西、湖北，转入浙江。南方唐军力量薄弱，黄巢发展迅速，占领了杭州、越州。朝廷看到黄巢实力日益强大，于是派高骈为镇海节度使，此人曾经多次和南诏、羌人作战，是唐朝的一员名将。他的部将张璘打败农民军，一些农民军将领也投降了官军。黄巢于是向福建转移，本来想走海上水路，因为找不到船只，乃从浙江开山路七百里，历尽辛苦，进入福建，于乾符五年（878）占领福州，福建大部分为黄巢占据。

乾符六年（879）春，黄巢由福建沿潮、汕一带入广东，这时他又向朝廷上表，请求委派他为天平节度使，不许，又请求为广州节度使。官方认为，广州乃外贸重要港口，市舶宝货所聚，"贼"得益富，而国用屈，又不许。结果只封他为率府率一个小官，黄巢得知大怒，急攻广州，下之，俘虏了节度使李昭，然后大掠广东各地，将广州城内的一些中外商人也加杀害，破坏不小。休整了一段时间，879年底，黄巢开始北伐，他发布告示，说唐朝"宦竖柄朝，垢蠹纪纲，诸臣与中人赂遗交构，铨贡失才"，而且下令"禁刺史殖货财，县令犯赃者族"。[1]

由于资料稀少，我们不能断定这时黄巢是否有推翻唐朝政权的意图。不过看样子他还没有。他的檄文只是责备朝廷的错误，一般谏官都可以这么写的。《旧唐书》说他"欲据南海之地，永

---

[1] "列传第一百五十·黄巢"，《新唐书》卷二百二十五，中华书局，1987年，第6455页。

为巢穴，坐邀朝命"[1]，可能有一定根据。后来因为大疫，他的部下死了很多，于是"众劝请北归，以图大利"，即在广州等地水土不服，于是向北方发展。从广州出发，黄巢的兵不可能有50万之多。[2]他是编造了大竹筏数十个，从湘江沿江而上。竹筏再大，也不可能坐下万人，所以人数不可能太多。黄巢军经零陵、衡阳，到达潭州（今长沙），宰相王铎亲自出马，任荆南节度使诸道行营都统，派他下属李系防守潭州。李系素无将略，黄巢一天就攻下潭州，歼敌十余万（五万说比较可信）。[3]王铎派部将刘汉宏守江陵，自己跑到襄阳去了。刘汉宏看江陵兵太少，根本无法守卫，乃纵兵大掠，把老百姓尽量抢劫杀戮，焚荡殆尽，自己跑去做强盗去了。过了好几天，农民军才到了江陵。

山南东道节度使刘巨容驻守荆门，在这里打败黄巢，俘虏了农民军的首领12人，有人劝刘巨容追击，刘说，"国家多负人，危难不吝赏，事平则得罪，不如留贼冀后福"。这样黄巢得到休整，并向浙江、安徽发展，力量又强大起来，准备北渡长江。淮南高骈派大将张璘渡江攻打黄巢，黄巢恐战败，乃送给张璘好多黄金，并向高骈表示愿意投降，高骈答应为黄巢求节钺，而且说黄巢已经要投降，把来到淮南的各道官军都遣返了。黄巢发现张璘力量已经大为削弱，于是一鼓进攻，将其杀死，从采石渡过长

---

1 "列传第一百五十·黄巢"，《旧唐书》卷二百，中华书局，1987年，第5392页。
2 《新唐书》黄巢传说破长沙时，杀死李系的兵有十余万，"进逼江陵，号五十万"。"列传第一百五十·黄巢"，《新唐书》卷二百二十五，第6455页。
3 "列传第一百一十四·王播"（附王铎），《旧唐书》卷一百六十四，第4283页。

江，有众数十万，浩浩荡荡向北进发。高骈自度力量不敌黄巢，而且他也知道，如果全力出击，将部下拼光，失去和朝廷讨价还价的本钱，就会被淘汰，所以严命诸将自保。他上表朝廷告急，说贼60余万，屯天长，去臣城无五十里。

唐僖宗是一个昏庸无能的皇帝，喜欢蹴鞠斗鸡，他和优人说，我如果考击毬进士第，应该是状元。这个优人还比较有见解，回答说，如果尧舜作礼部侍郎，那你就免不了要被放黜了。黄巢渡过淮河后，一路如入无人之境，各节度使都拥兵自保，不救援朝廷。黄巢发文告诉各藩镇说，"各宜守垒，勿犯吾锋。吾将入东都，即至京邑。自欲问罪，无预众人"。这样很快进抵洛阳，唐朝的留守刘允章率领百官迎接黄巢入城。黄巢一路将从官僚、富豪抢劫来的钱财散发给百姓，所以受到欢迎。从洛阳向长安进发，这时唐僖宗毫无办法，只会对着宰相啼哭，宦官田令孜请派神策军防守潼关。神策军原来都是长安富家子弟，通过贿赂宦官得到军籍，这样可以领取俸禄，成天在市井嬉戏，不习阵战。听说要让他们出征，吓得父子对泣，于是花钱雇了一些乞丐、病人、贫民代他们出征。最后共有2000多人，唐僖宗还亲自为他们送行。这些人到了潼关，给养不济，只有三日粮，士卒饥渴，鼓噪烧营而溃。潼关左面有一条山谷，平日禁人往来，谓之禁坑，是用来征税的。这条路根本没有官军防守，溃败的兵士就从这里进入，接着黄巢的军队也跟着进入，潼关的正面被农民起义军掘土填之，很快就和关一样平，这样对潼关形成包围，于是一举攻下潼关，那时有前来援助政府的军队开来，看见长安新招募的军士衣着光鲜，大怒说，这些人没有功劳反而待遇这么好，我们反而遭受冻馁，于是将这些兵士抢劫一空，然后为黄巢军当向导，向长安进发。

广明元年十二月初五（881年1月8日），唐僖宗和宦官田令孜，带着四个亲王、几个妃子和500名神策军逃出长安，许多官吏都不知道，而且他们昼夜奔驰，不事休息，所以百官也跟不上。长安陷入无政府状态。军士、市民，都入府库盗金帛，黄巢军进入长安。尚让告诉百姓说，"黄王起兵，本为百姓，非如李氏不爱汝曹，汝曹但安居无恐"[1]。1月16日，黄巢在长安即皇帝位，国号大齐，改元金统。黄巢宣布说，唐朝的广（廣）明年号是唐字去掉"丑"和"口"，下面增加"黄"加"日""月"，说明黄家应该取代李唐。

农民政权建立后，黄巢似乎缺乏远大眼光，没有采取有力措施巩固政权。当时唐僖宗远遁成都，关中还有数万禁军，是一大威胁。宰相郑畋就是召集了这些禁军，在龙尾坡打败了农民军，据说使之损失十几万人。黄巢也派遣使节到各藩镇处招安，确实也有不少藩镇表示归顺，不过并不巩固。而统治阶级到处蠢蠢欲动，有人在尚书省门前写诗嘲笑农民军，尚让看了后大怒，将城中能为诗者尽杀之，凡杀3000余人。关中久经战乱，城中乏食，农民军也不免，甚至只能吃树皮。官军乘势攻入长安城，农民军退走，进来的官军到处抢劫，一片混乱，农民军利用这一情况，

---

[1] 《唐纪》七十，《资治通鉴》卷二百五十四，第5页。

又杀入城中,将官军杀死者十八九。黄巢又进长安后,怒市民帮助官军,纵兵屠杀,死者很多。

黄巢在长安,没有向外扩大地盘,只有朱温驻守同州(今陕西大荔)、李详驻守华州(今陕西华县),局限于陕西关中地区。十几万人在这么狭小的地方,很难维持长久,不久朱温叛变,归降唐朝。唐朝又招来李克用的沙陀军,猛攻长安,883年,长安外围据点尽失,四月,沙陀兵攻入城中,经过激烈巷战,起义军退出长安,向河南转移。先锋孟楷在攻打陈州(今河南淮阳)时,不幸牺牲。黄巢和孟楷关系极好,誓为之报仇,乃发兵急攻陈州,大战三百天,没有攻下。因为个人恩怨,贻误战机,这时沙陀兵已经抵达陈州,起义军想经过中牟渡汴水向河北转移,在渡河时被李克用赶上迎击,农民军精锐损失不少。尚让在作战中牺牲,黄巢于884年到达山东境内的狼虎谷(今莱芜市),和官军做最后的决战,大部分农民军壮烈牺牲,黄巢自杀而死,其妻子和兄弟被押解到成都。临刑之前,百姓表示敬意,"争与之酒",他们神色肃然,从容就义。

(二) 明末农民战争的过程

中国的农民战争,不少都以推翻前朝政权、建立自己的政权为目标,因而会发展为长期战争。他们组织起装备精良、供应充足的部队,和政府军进行持久斗争,最终取得胜利,或者失败而云飞烟灭。这在世界历史上是仅见的,所以很值得我们认真研究。

明末农民战争发生于17世纪，比捷克农民战争（胡斯战争）要晚两个世纪，比俄国普加乔夫农民战争要早一个世纪。但是当时的中国，仍然处在封建经济、政治统治之下，社会并没有转变的迹象。

根据袁良义的说法，明末农民战争经历了三个阶段，从天启七年（1627）三月到崇祯六年（1633）十一月为第一阶段，这时农民战争的范围局限于陕西、山西和黄河以北的豫、冀边境。农民军占领若干城镇，但明军处在优势地位，农民军处在劣势。从崇祯六年十一月到崇祯十四年（1641）正月中旬，为农民战争第二阶段，农民军的斗争遍及全国各地，到处流动，时起时落，和明军处于相持阶段。从崇祯十四年正月中旬到崇祯十七年（1644）三月，农民军取得优势地位，歼灭明军主要兵力，最后覆灭明朝。

战争的第一阶段

天启七年三月，陕西澄城县知县张斗跃不顾农民死活，仍然严催征科。有农民王二集聚农民数百人在山上，以墨涂面，然后高呼道，谁敢杀张知县？大家齐声回答，我敢杀。于是就进城杀了张知县，据说这是明末农民起义的开始。王二还打败了前来进攻的政府军，其他地方的农民也纷纷起兵，陕西各地农民军势力日大。这时明廷将农民军分作两类："边贼"和"土贼"。"边贼"是起义的边兵，他们世代为兵，善于骑射，因为国家拖欠军饷，无以为生，所以累累起事，成为农民军中的主要兵力。而"土贼"就是当地的农民、工人，其他阶层人民，因为政府剥削压迫而起来反抗，然后逐渐和"边贼"结合在一起，形成很大的势力。

农民军陆续攻占了陕西北部的一些州县，渡过黄河，进入山西，晋西和晋西北也为农民军所占领。农民军累次打败政府军，但也累为官军所败，双方杀伤相当。当时的兵科给事中刘懋说，"边贼倚土贼为向导，土贼倚边贼为羽翼"，官军虽然数次进剿，但是所杀伤的大都是附从的饥民，而真正的农民军战士已经饱掠而去。政府也采取招抚政策，农民军被招抚之后，仍然以劫掠为生，因为投降后也没有出路。他说如果国家拿出数十万帑金赈济饥民，并且向兵士发薪饷，那就可以大定。[1]但国家根本没有钱，所以农民起义只能愈演愈烈。据《怀陵流寇始终录》记载，农民在陕西起义三四年后形成四大支，河曲王嘉胤为东路"流贼"，保安神一元为西路"流贼"，"回贼"（回民）、"土贼"则剽掠鄜州、雒川间。[2]

崇祯四年，由于满洲后金累次入塞攻掠，明廷更无力镇压农民军，所以崇祯帝表示，"寇亦我赤子，宜抚之"，推动招抚政策进行，明陕西三边总督杨鹤于是大举招安。许多农民军也缺乏长远斗争目标，原来是因为生活所迫进行起义，这时看到政府利诱，以为可以回家过正常生活，就十分容易中政府招安的诡计。农民军中王嘉胤一支斗争坚决，反对投降。杨鹤把目标锁定在神

---

[1] 计六奇：《明季北略》上册，中华书局，1984年，第126页。
[2] 袁良义：《明末农民战争》，第114页。

一元这一支上。神一元于崇祯四年战死，群众推其弟神一魁继续领导斗争，杨鹤认为神一魁有动摇情绪，所以花大力气招安他。结果神一魁的部下六七万人接受了招安，他本人被授予明守备职务。但是被招抚的大批农民群众并没有得到妥当安置，生活依然困难，许多头领更是被明军借故杀害，逼使受招抚的农民军再次起义。神一魁本人也累受虐待，不得已又复起兵，后来被内部人杀死。但是，这次招安使得农民军的一大半解散回家，对仍然坚持斗争的农民军造成很大威胁。王嘉胤率领农民军16万人远走山西，继续进行斗争。他不幸于阳城酒醉时被人杀害，余众推紫金梁（王字用）为首领，有农民军20余万，号称山西三十六营，其领袖有高迎祥、老回回、曹操（罗汝才）、李自成等，是农民军的重要人才。

崇祯六年，农民军从山西又发展到豫北、冀南等地，有众30万。这样，农民军活动的中心就由陕西转移到山西。明军自崇祯四年到六年，投入兵力共计8万人，农民军在人数上处于优势，可是真正能作战的精兵良将不多，许多农民军缺乏武器和训练，一些老弱妇孺也投靠在农民军中，移动不易。而官军整体上处于优势，农民军四面受逼，不得已向各方流动，不再拘泥于固守一城一地，也不再依恋于故乡，这样就形成了所谓"流寇"的作战方式。这年四月，紫金梁病故，他是王嘉胤之后大家公认的农民军中的领袖人物，能够团结、统领各路农民军协同作战，自他死后，就没有这样的领袖了。他的部众大都归于李自成之下。

这年冬天,农民军看到在河南作战不利,于是趁天寒黄河封冻之际渡过黄河,从此不再局限于山西、陕西、豫北、冀南,而向全国发展,农民起义势成燎原了。

战争的第二阶段

从崇祯六年渡过黄河,到崇祯十四年初,农民军在黄河以南广大地区作战,流动于河南、湖广、四川、皖北、苏北、山东、江西和原来的山西、陕西、河北等地,流动作战是农民军的主要作战方式。几十个营的农民军时分时合,更经常的是各自为战,没有统一指挥和部署,虽然对明军予以重大打击,但是自己也时常被明军打败。

明户部主事张缙彦说:"盖贼之得势在流,而贼之失势在止;贼之长技在分,而贼之穷技在合;贼之乘时在夏秋,而贼之失时在冬春。"[1] 即农民军到处流动,分散作战,使明军首尾不能相顾,因为明军在各地设防,所以被动挨打。如果农民军合伙作战,则指挥不力,没有严明纪律,各营也不听号令,所以往往失败,是其短处。如果各自为战反而能发挥流动作战的特点,打击政府军。农民军利于在夏秋时进军,因为这时供应易于解决;冬春之际,粮食短缺,就不利于作战了。但是,这样的流动作战,也有许多缺点,这就是"行营不知备,截杀不相救",没有后方根据地,所以没有供应的准备,而且各自为战,互相不能救援。

---

[1] 计六奇:《明季北略》上册,第239页。

农民军在攻下一个城池后，往往马上退出，不然就有被明军包围的危险。而随军流动的人员很多，但真正有战斗力的就是一小部分主力部队，其他大多是归附的饥民、老弱，还有家属。号称数万人，实际上没有形成战斗力。这些人一遇战斗，就被冲散。没有供应，所以农民军只能就地取食，打下城市后，攫取地主豪绅家的粮食，更多的是抢夺政府仓库，供应自己，有余就分给贫民。宿营时往往是住在帐篷中，生活比较艰苦。但比起受地主、官府剥削压迫还是好多了。如果抢夺物资比较多，也可以"甘衣美食"，享受比较好的生活。

农民军组织以营为单位，一般每营三四百人，或者五六百人，大者不过千人。营的首领称掌盘子或者总头目，下面的称掌家或头目。农民军没有后方和根据地，所以设立有老营，安顿妇女、家属，安放军事器械，粮食等军需品。作战时往往让老营先行远避，以免辎重遭受袭击。后来还编制有专门的工匠队伍，如裁缝队、银匠队、吹手队、打粮队、打马草队等。农民军分为骑兵和步兵，骑兵称为塘马，十分重要。冲锋时由骑兵担任首先的冲击任务，如果打败，骑兵也可以迅速撤退。没有骑兵，就由步兵担任主要作战任务。骑兵往往配备有双马或者三四匹马，一马疲惫则换乘再战，所以可以连续作战，打败明军。为了流动作战，情报工作当然十分重要。那时火器已经在军中广泛使用，农民军也使用火器，是从明军那里缴获来的，自己不会制造，可见他们不重视这一新武器，仍然主要依靠冷兵器作战。

农民军军营制度严密，一营值昼夜，四营休息。逃跑者处死刑。男子15岁以上、40岁以下当兵，每个精兵有跟随人员10名，管喂马、供应军器、做饭。精兵可以携带妻子，若生子则弃而不养。过城邑不得入住，只能在野外住帐篷或者搭窝铺。不行军时就进行骑射训练，骑兵遇到河流，往往策马而渡，养成克服困难的精神。严禁破坏庄稼，马腾入田苗者处死。临阵时列骑兵3万，如战斗久不取胜，骑兵佯败，引诱敌人追击，让步兵上前，步兵持长枪击刺敌人，骑兵返回合击，往往可以取胜。

崇祯十年以后，农民军进入困难时期。政府军训练有素，战斗力比农民军要强。而且这时天下大旱，明朝廷采用了剿、抚并用的两手策略，引诱一些斗争意志不坚决的农民军投降。崇祯十一年，农民军将领闯塌天刘国能被招降，受封为守备。他的队伍是最早的农民起义军之一，曾经和明军作战多年，他的投降，造成了很不好的影响。继刘国能之后，接受招降的是张献忠。张不是完全投降，他是在形势不利的情况下，以投降为手段谋求生存，所以和政府方面谈判了很久。他拥兵万人，据谷城，向明军将领熊文灿要求襄阳一带驻军，并索饷十万。明廷不给饷，张献忠就自立关卡征税，并且抄没地主豪绅家产，暗中做反明的准备。虽然他不是完全投降，但他接受招安一年多，坏作用不小。他和刘国能的投降使原来号称十五家的农民军损失不少人，而且他以谷城为据点，阻断了关东和关中农民军流动作战的重要孔道，便于政府军进剿。这一年农民军累战累败者不少，农民军重要将领罗汝才投降了熊文灿，李自成也数次被打败，后只剩十七骑，归隐于商雒山中，以图恢复。

按照袁良义的说法,从崇祯十一年到十二年(1638—1639)是决定明廷存亡的年代。崇祯帝面对满洲后金和农民军两个对手,一直采取两面作战政策,但实际上他无力完成这种任务。大学士杨嗣昌任兵部尚书,力劝崇祯放弃这种两面作战的方法,和清军议和,集中力量剿灭农民军。但总督卢象升坚决主战,最后仍然维持了两面作战的方针,明朝的危亡就此决定。[1]

清军出塞后,明廷能够作战的陕西兵被调往辽东,给困难中的农民军以喘息之机。崇祯十二年五月,张献忠在谷城起兵,他把明朝各官僚向他收取钱财的数目和日期都公布出来,说明他为什么要造反。罗汝才也造了反,加入了农民军的行列。他们进入四川,和明军大战,打破了明军的包围计划。李自成知道张献忠的情况后,也出来召集部下,进军河南,由北向南推进。当时河南大饥,李自成所到之处,饥民四出响应,很快发展到十余万人,声势复振。这时一些知识分子也参加了农民军的队伍,参加李自成的有杞县举人李岩。牛金星也中过举,因为与当地乡绅有矛盾,所以投身到李自成军中,他了解孙吴兵法,后来在李自成军中制定规章制度,在招揽人才、建立政权等方面,发挥过不少作用。还有宋献策,他是一个打卦算命的江湖术士,他说李自成是"十八子、主神器",预示李自成将来可以当皇帝,深受李自成信任,将他带在身边。这反映了农民领袖落后的一面,仍然相信占卜之类。

---

[1] 袁良义:《明末农民战争》,第194页。

李自成势力加强以后，向洛阳进发，准备进攻。洛阳是河南重要都会，明福王受封于此。明神宗本想立福王朱常洵为太子，因为他不是长子，被官僚坚决反对而作罢。封他为福王后，赏赐无数，所以福王在洛阳锦衣玉食，穷奢极欲，而百姓则因为连年大旱而无以为生。有官员劝福王拿出钱财，解决军队的粮饷，但福王不听，于是兵士和下级军官起义，迎接李自成进入洛阳（崇祯十四年一月）。李自成镇压了福王和其他明朝官僚，开仓赈济饥民，还把一批没收了的金银财宝运往山中，以备攻打开封时使用。还留下一些金银，在洛阳委派官吏守城。可惜起义军离开洛阳不久，当地就被明军攻下，他想在此地建立根据地的想法没有能够实现。

与此同时，也就是崇祯十四年二月，张献忠的军队南下湖广，和另外一支农民起义军罗汝才联合作战，攻下襄阳，杀死襄王朱翊铭和其他官员，散发王府钱财给饥民，然后继续南下。明廷督师杨嗣昌听到洛阳、襄阳相继失陷的消息，感到自己无法向皇帝交代，于是自杀。这时蓟辽总督洪承畴和总兵吴三桂集合十四五万人，准备和清军作战。崇祯十五年二月，明军在松山大败，十几万明军全军覆没；三月锦州失守，洪承畴和都督祖大寿都投降了清军。崇祯皇帝这时想和清廷议和，遭到一些官员的反对，于是将和约放弃，原来奉密诏议和的大臣反遭杀害。清军大举入关，如入无人之境，在河北、山东大肆杀掠而归。

李自成攻下洛阳后，想乘胜攻占开封，开封乃明朝重要都会，起义军想的是占住中原腹心之地。但开封的周王和前面的福王不同，他拿出不少金银，奖赏杀害起义军战士的兵士，所以开封久攻不下。李自成亲自到城下观察，不料被明军射中一目，虽经治疗痊愈，但左眼因之失明。那时支援开封的明军即将到达，李自成不得已解围而去。

崇祯十四年七月，起义军罗汝才因为与张献忠失和，率部到河南和李自成联合作战。据说，"自成之兵长于攻，汝才之兵强于战，两人相须如左右手"[1]。联合以后，联军在河南歼灭了陕西三边总督傅宗龙的部队，将他杀死，取得衣甲器械很多，势力更大，于是决意再打开封。崇祯十四年十二月下旬到次年一月，起义军还是没有攻陷城池，乃挖掘地道，在城下挖成一个大洞，内装火药，在洞口布置骑兵和步兵，准备城墙炸塌后立即乘势进城。不料开封城墙特别坚固，火药爆炸后没有能把城墙炸塌，反而土石横飞，将起义军炸伤、炸死不少，第二次进攻开封也没能成功。

崇祯十五年四月，李自成第三次进攻开封，这次他采取长期围困的办法，环城外五里搭建土城，四面包围。明廷让陕西三边总督孙传庭解开封之围。他们集合了十余万大军在河南朱仙镇，李自成、罗汝才部也有十几万人，两军在朱仙镇展开二三十万兵力的大会战。李自成筑土山，在上面用火炮轰击明军中最强的左良玉部队，左大败，许多将领被杀，一些将领带头逃走，其余各部相继瓦解，农民军追击四百里，俘虏明军数万人。这是一场决定性的大胜利。

---

[1] 计六奇：《明季北略》下册，第359页。

由于被围困日久,开封城内乏食,危在旦夕。于是官军决定挖开朱家寨口的黄河大堤。大水淹没开封城,人民死者无数,下游的一些州县也遭漂没,河南全境为之残破。农民军一部分也遭受水淹,被迫放弃开封。李自成三打开封,花费了巨大的人力、物力,最后没有成功,"据河洛而取天下"的计划也泡汤了,这也是说明,农民军的策略还需要进一步的提升。

活动在河南、安徽、湖北三省交界处的农民军,结合成为"革左五营",包括老回回马守应、革里眼贺一龙、左金王贺锦、治世王刘希尧、争世王蔺养成,他们联合作战,形成很大势力。他们来到河南和李自成、罗汝才会合,这时李自成等正大败陕西三边总督孙传庭,准备乘胜进攻,夺取陕西。经革里眼建议,起义军集中兵力,进攻汝宁,城破后,杀死督师杨文岳和崇王朱由樻,河南几乎全部为起义军掌握。

崇祯十四年下半年到十五年,对明廷来说是关键的一段时间。明廷坚持两面作战,这时遭到全面失败,从此再不可收拾,亡国已是难以扭转了。

战争的第三阶段

踏平河南之后,李自成部转战湖广,崇祯十五年十二月攻下左良玉据守的襄阳,进一步向武昌进发。这时起义军内部矛盾加剧,罗汝才和李自成两雄并立,不能相互容忍,反而相互猜忌。官军记载也说他们想方设法进行挑拨离间,加剧双方矛盾。另外,"革左五营"中的贺一龙是实力最强的领袖,不喜欢听命于人。起义军内部就产生了可悲的内讧。崇祯十六年三月，李自成请贺一龙、罗汝才赴宴，罗心生疑虑，没有来，贺一龙到了，李自成用埋伏的兵士将贺一龙杀死。次日，他又率精骑100余人，赶赴罗营，将罗也杀死。罗、贺二人的被杀，在起义军中引起很大震动，一军大哗，罗汝才在起义军中威信很高，累立战功，史书说他"智而狡，号称曹操"，他被杀后其部将多率领兵士投奔官军，余下的经过再三抚慰，方才平定。"革左五营"中的马守应脱离李自成，到长江以南驻扎，后来不久病故，他的部下归附张献忠。[1] 这次内讧给起义军造成的损失不小。农民军本来就是造反起家，经过多年战斗锻炼，出现了一些领袖，形成比较大的组织。他们都是各自为战，独立性很强，对付官军时可以暂时联合，但谁也不能听命于其他人，所以如果要组成一支统一的部队，只能采取火并的方式，造成起义部队的自相残杀，这是一大悲剧，也是农民起义军的历史局限性。

崇祯十六年五月，李自成又消灭了袁时中的队伍。袁时中本来也是农民军，其部被称为小袁营，也曾经应邀和李自成部联合作战，后来他归附了政府军，据守河南，袭扰李自成的后方。李自成派去劝告他的人被他送交政府杀害，他还袭击李自成部，在五月时，李派兵击破小袁营，将他处死，余部除散去者外，也有部分归附了李自成。这样，农民军形成了李自成为首的统一组

---

[1] 《明季北略》作者质疑，李自成是否能够两日之内，接连消灭了罗汝才和贺一龙，见第359页。这两支部队战斗力很强，火并易造成起义军极大损失。罗汝才的毛病是贪图享受，被李自成骂为酒色之徒。

织，和南方的张献忠遥相呼应，明朝覆亡的日子就要到了。

农民军张献忠部攻下襄阳后，于崇祯十四年八月被左良玉打败，他就转移到安徽活动。攻下舒城后，采取措施，保护农民从事正常的生产和生活。不过他依然流动作战，夺取安徽不少城市，又夺取了官军的大量船只，自己也造大批舟船，募集水手，在巢湖中训练，准备渡江南下。明军集合东南部的军队进击，张献忠不能敌，这时和他联合的"革左五营"已经转而和李自成联合，他于是再向湖北进军。经过几度战斗，和当地的奴仆起义军联合，占领了许多城市。崇祯十六年，向湖北重镇武昌进发，五月攻下武昌，将明楚王朱华奎扔入河中淹死。然后又向湖南发展，占领湖南全境。

李自成在河南，明朝认为他是心腹之患，下令陕西三边总督孙传庭出关消灭，孙知道官军没有什么战斗力，迟迟不愿出关，可崇祯帝严令他出关进军。崇祯十六年八月，孙率领还有战斗力的陕西兵10万人出潼关，朝廷还调左良玉部，令其会剿农民军。左多次和农民军交手，知道农民军的厉害，而且他一向不听调度，所以实际上还是按兵不动。孙传庭进入河南，李自成故意示弱，以小股不断接触后即行退却，孙传庭误认为自己打了胜仗，不断向皇帝报捷，以为"贼灭亡在旦夕"。九月，孙传庭部被李自成引诱到郏县，并以一万多骑兵断其粮道。孙闻讯大惊，命令撤退，结果撤退变成了逃跑，全线崩溃，官军被杀者4万余人，损失甲胄马匹无数。孙传庭退到潼关，仍然无法固守，李自成令部下分两路进攻，一路不久就拿下潼关，孙传庭在乱军中被杀。另外一路也向西推进，两路军马十月会师西安，然后略定三边，占领陕西全境。明崇祯十七年（1644）正月初一，李自成在西安建立政权，国号大顺，改元永昌。

李自成接着向明王朝的都城北京进发，那时明廷已经气息奄奄，不能抵抗。李部一路军南下，切断他们逃跑的路线，一路军由李自成亲自率领，向北京进攻。就在这时，有两方面的使者来到西安，一方面是北京的宦官派出的曹化淳等人，他们看到明朝已不能支持，所以出卖主子，为自己寻找出路，"闯贼用其言而心恶之"；另外一方面是清廷派出的使者，上面写着"欲与诸公协谋同力，并取中原，倘混一区宇，富贵共之矣"。清廷的用意，明显是不想陷入和明军及农民军两面作战的境地，所以先和农民军谈和。这个信息到达时，李自成已经离开西安，他后来是否得到报告，没有确凿证据。但是，可以知道的是，农民军从头到尾没有想到山海关外有一个虎视眈眈、准备攻打明朝的清军。这也是农民军短视的地方。只急于占领北京、当皇帝，是注定了将来失败的种子。

李自成于1644年农历三月十九日占领北京。崇祯皇帝在煤山自杀。以后的故事就是追赃助饷，按照历来帝王的那一套举行了一系列的仪式，准备登上皇帝的宝座。但是，就在他还没有登基的时候，三月二十七日，明军劲旅吴三桂已经袭破驻守山海关的农民军，起兵反对大顺政权，而且这时长江以南还有许多明军和张献忠这样的农民军，也是需要解决的问题。他的设想就是先消灭吴三桂。首先用劝降的办法，他派遣已经投降的明总兵唐通带上犒赏的信件去见吴三桂，这封信是牛金星写的，假托其父亲吴襄的口吻，说"从今早降，不失封侯之赏，而尤全孝子之名"。吴三桂看到信件后，起初同意投降，率领人马向北京进发，而且"大张告示，本镇率所部朝见新主"。但是走到半路，他遇见从他家逃跑的家丁，告知他的父亲吴襄也被"追赃助饷"，受到虐待，而且他的爱妾陈圆圆被农民军大将刘宗敏掠去，于是大怒，"冲冠一怒为红颜"，立即回师袭击镇守山海关的唐通，发檄文声讨李自成，打着恢复明王朝的旗号，发动了对农民军的战争。要知道，早在农民军之前，清军已经数次招降过吴三桂，吴三桂是在权衡了两方面的利害关系后决意反对农民军的。可惜李自成对这些大概不知道，或者完全没有考虑过，仍然以为既然招降不成，那击溃吴三桂没有什么问题，于是亲自带队出兵山海关。这反映了农民军没有什么战略眼光，注定了失败的结局。

吴三桂虽然打出恢复明朝的旗号，但是他在山海关并没有多少兵力，不足以和农民军相抗衡。于是派人去向清军"乞师"，其实这时清军统帅多尔衮已经率军南下，农民军就将在山海关遇到两支敌军，这是他们没有想到的。农民军出关的有十余万人，加上驻扎在附近的兵力，有20万左右。吴三桂只有5万余人，正在设法招募军队。清军南下的兵力也不过14万。农民军如果只对任何一方面作战，都有胜算可操。如果陷入两面作战，就十分危险了。

四月十六日，农民军前锋到达卢龙，开始和吴三桂接战。十七日，以十余万大军从东、西、北三面合围山海关。吴三桂眼看形势不妙，彻底投降了清军，他向多尔衮称臣，而且薙发，完全背叛了明朝，成为满洲贵族的走狗和疯狂屠杀农民军的刽子手。二十一日，吴三桂与农民军大战，已经到达的清军作壁上观，等到双方已经消耗许多，吴三桂军不能支持而准备败退时，他们突然出现，投入战斗。农民军被突如其来的清军精锐打败，于是退走，山海关之战以失败结束。

李自成退回北京，立即举行了登基仪式（四月二十九日），表示他的大顺政权已经取代了明朝。但他知道在清军和吴三桂两支兵力的进逼下，北京已不可守，所以马上离开北京，且战且退，向山西、陕西退却。因为农民军战败的消息已经传开，许多地方原来的明官僚和残余明军纷纷起来反抗，河南已经不可守。这时是否发生了李自成杀死其部下李岩的事，无从考查。但农民军内部也发生了动摇和叛变，再加上原来投降的明军也叛变，所以情况显得相当混乱。七月，李自成退回到西安。自从兵败山海关后，他对明廷的士绅、官僚、亲王等的怀疑日益加重，不分青红皂白地杀戮的情况不少，也暴露了农民起义固有的缺点。当然，他也力图对吴三桂和清军迎战，有所布置，不过败多胜少，阻挡不住两军的进攻。在潼关，李自成部和清军大战三昼夜，双方相互杀伤，死者达十余万。但农民军难以抵挡清军的炮火，最后失败。1645年正月，李自成退出西安，向南方进军。五月，在湖北通山县九宫山，李自成遭到地主武装的袭击而牺牲。

1644年农历七月李自成退回西安。当年五月，清军占领北京，也是在五月，明廷残余人员在南京立福王为帝，建立了南明政权。东林党的史可法与阉党马士英为主要势力，但史可法不敌马士英，被迫到扬州督师，南明完全操纵于马士英之手。其实这时南明政权并不弱，东南富庶，如治理有方，完全可以征兵征粮，组成抗衡清军的力量。那时南明兵力也不弱，左良玉拥兵二十万在武昌，号称精兵，但南明政府总以为他桀骜难驯，不予利用。驻守江、淮的四镇军，包括高杰、刘泽清、黄得功、刘良佐，还有在福建沿海驻扎的郑芝龙，有兵士可达百万。而清军入关的不过十余万人。但是南明政权腐败不堪，不断向清军乞和，要求合力围剿农民军，他们派出的使臣陈洪范无耻地投降了清军，将朝廷虚实完全泄露出去。

1644年农历十月，顺治在北京即皇帝位，立即着手进军，一路由吴三桂、阿济格等进攻农民军，一路由多铎南下消灭南明政权。1645年农历五月，福王政府被消灭，清军占领南京。以后就是大家熟悉的"扬州十日""嘉定三屠"。当然还有江阴典史阎应元率领全城人民，抗击清军八十一天，杀死清军7万多人，最后全城人民壮烈牺牲，为汉族人民不屈不挠、抗击外敌的历史书写了光辉的一页。

农民军张献忠部于李自成攻陷北京后，向四川进发，先后占领重庆、成都，据有全蜀。1644年农历十一月十六日，在成都即皇帝位，国号大西，也设官封职，建立政府。因为明地主豪绅对张献忠采取抗拒态度，南明军队和四川的地主武装不断向张献忠的农民军发动进攻,激起张更大的愤怒,所以他屠杀了许多人。但对一般百姓,张献忠却多加维护。1646年,清军进攻四川,十二月,张献忠在和清军大战中中箭牺牲,但是也打死了许多清军,他的部下退到贵州,继续战争。

以后就是残余的南明政权和农民军联合抗清的日子,这个斗争延续很久,直到清康熙初年,方才基本安定。

第四章
农民战争的纲领

农民战争的纲领是研究农民战争最重要的内容,它反映农民对当时社会的认识,对自己社会地位的认识,反映农民斗争的目标、诉求。但是,研究农民战争的纲领时,我们也遇到许多问题,一是我们知道,阶级社会中,统治阶级的思想,往往也就是占统治地位的思想,农民阶级的思想,往往被封建主阶级的思想所左右、所覆盖、所淹没,而缺乏自己独立的思想;二是封建社会中,农民基本上不掌握文字这一表达思想的工具,我们了解到的思想,往往都是统治阶级一方面的,就是所谓农民的思想,也是统治阶级传达的,可能是经过曲解、伪造,并不代表农民的真正思想。这就为我们研究农民战争农民自己的要求、纲领,增加了许多困难。

马、恩是这样说的:"统治阶级的思想在每一时代都是占统治地位的思想。这就是说,一个阶级是社会上占统治地位的物质力量，同时也是社会上占统治地位的精神力量。支配着物质生产资料的阶级，同时也支配着精神生产的资料，因此，那些没有精神生产资料的人的思想，一般地是受统治阶级支配的。"[1] 可是，在封建社会中，农民虽然没有占统治地位的思想，按照物质生产资料决定精神生产的唯物主义原理，农民应该仍然有属于自己的不占统治地位的思想，只是需要我们仔细发掘、搜求，这就是我们历史工作者的任务之一。

一 中国农民战争的纲领

中国农民战争的成果最为伟大，起义农民集合成数万、数十万大军，纵横辗转数千里，横扫封建政府的部队，多次推翻封建王朝，建立了自己的政权。所以中国农民战争的纲领也相当丰富，既有政治的，也有经济的。我们将按照年代和重要性，略加分析。

中国古代农民最容易感受到的就是"富者田连阡陌，贫者无立锥之地"，他们希望改善生活状况、生存状态的办法，就是使人人有大致相同的土地，可以耕作，所以农民的平均主义首先表现为经济上的平均地产。但是，这种平均主义在中国出现得也比较晚，这和中国古代的政治结构有关。

中国古代很早便建立了大一统的帝国，秦始皇废封建、置郡

---

[1]《马克思恩格斯选集》第一卷，人民出版社，1972年，第52页。

县，将全体居民统一于国家政权管制之下，其后一直继续。国家和豪强地主有矛盾，为了加强统治，国家努力限制地主的土地。汉武帝起就打击豪强，将他们迁徙至中央政权中心，加以监视。以后一直到唐朝，不断有限田、均田等政策，保障小农有一块基本的生产资料。农民直接面对的，是国家的政权机关。国家政权机关一方面保证小农有小块土地，可以维持自己的生产和生活；另外一方面，也用赋税徭役剥削、压迫农民，所以中国古代农民起义往往首先将矛头对准政府。我们最大的农民起义纲领首先就是政治方面的。

从秦末陈胜、吴广起义开始，农民起义和农民战争在古代中国便如火如荼，但是他们的纲领比较缺乏。陈胜、吴广起义的口号是"王侯将相，宁有种乎"，反映了中国古代农民是国家的编户齐民，彼此一律平等。虽然官僚、贵族在经济上、政治地位上，都比农民高一等，但法律上对此没有严格的规定，法律上的良、贱之别，贱民只占人口中的极少数。农民也可以通过自己的努力成为王侯将相，而陈胜果然就成为陈王。

陈胜的起义打开了秦朝灭亡的序幕，之后群雄并起，逐鹿中原，刘邦夺得天下。陈胜的起义仅仅维持了六个月，可谓昙花一现。之所以失败得如此之快，我想是他们很快丧失了农民起义的性质。当陈胜的老朋友来看他时，对他的荣华富贵表示羡慕，也对他没有那么客气，说"夥颐，涉之为王沉沉者"（哎呀，陈涉当了王可真了不得呀）。可是，当年和老朋友相约"苟富贵，毋相忘"的陈胜竟然把老朋友给杀了。于是故人皆引去，部下离心，就散摊子了。[1]

黄巾军是东汉末年农民起义军的称谓。东汉末年，社会上开始流行原始道教，将老子转化为教主。中国人民的宗教意识最为薄弱，在民间流行的就是祖先崇拜和众多鬼神崇拜，这时这些崇拜和原来的巫术、神仙、方士等相结合，形成原始道教。东汉末年，人民生活穷苦，政府剥削严重，所以宣传的旨意是人类会有病、兵、水、火等灾害，为求解救，应该信仰道教，广行善事。太平道的创立者张角将这些内容转变成宣传农民起义的口号，他自称"大贤良师"，手持九节杖，为人画符治病，缺医少药的老百姓纷纷求他看病。张角派遣弟子到各处看病传教，声势迅速发展壮大，十余年间，有信徒数十万人，青、徐、幽、冀、荆、扬、兖、豫八州之人，尽归之。张角在这些信徒中建立了军队组织，号三十六方，大方万余人，小方六七千，都有将军指挥。这十余年间大概也对军队训练过，着手准备推翻东汉政权的起义。

张角和京师中的宦官相勾结，派他的弟子马元义准备在邺城发动起义，不幸被叛徒唐周告密，于是张角提前发动，一时四方俱起，有众数十万，起义军以头戴黄巾为标志，所以被称为黄巾军起义。他提出的口号是"苍天已死，黄天当立，岁在甲子，天下大吉"，苍天指汉，说它已经趋向灭亡，而黄天、黄巾军应该出来取代它，这是夺取政权的声明。这样，张角通过原始道教发

---

[1] 据李开元说，陈胜可能是贵族后代。这也许是他快速"变质"的一个原因。参见李开元：《秦崩》，生活·读书·新知三联书店，2015年，第148页。

动群众，组织群众，再进一步提出鲜明的起义口号，要推翻旧日的封建剥削政权，建立农民自己的政权。张角兄弟三人，张角称"天公将军"，张宝称"地公将军"，张梁称"人公将军"，率领着众多的部队，数次打败官军。可惜农民军遭到政府军和许多地主、豪强武装的镇压，兄弟三人张角病死，张宝、张梁牺牲。

另外一支黄巾军从青州入兖州，有众号称百万，数次打败官军。后来曹操遇到黄巾军，这些农民军十分精锐，曹操的军队兵少，又没有战斗力，十分恐惧。黄巾军给曹操写信说，"汉行已尽，黄家当立。天之大运，非君才力所能存也"[1]。但是曹操不听农民军的劝告，后来想方设法打败了农民军，并且把农民军30余万招降，其中精锐成为后来曹操的青州兵。

在黄巾军之后，农民到处起义，大者二三万，小者六七千，后来集合而成黑山军，由张燕统帅，有众百万。朱儁、袁绍合并力量才打败这些起义军。

黄巾军和黑山军虽然没有能建立自己的政权，但是他们沉重打击了东汉政权，他们的政治目标还是基本实现了。张角的太平道以后在农民起义方面还余波不断，其中之一就是张鲁的五斗米道。

东汉末年，张鲁宣传五斗米道，后来在汉中割据，教人不蓄私财，禁酒，在辖区设立义舍（旅店），备有米肉，过路人可以取食。不蓄私财的意义不很明确，是否不要私有财产，难以断

---

[1] 陈寿：《三国志·魏书》，中华书局，1990年，第10页。

定。至于设立义舍，只是将赋税所得分一部分让路人使用，史书说他的教义是"教以诚信不欺诈，有病自首其过，大都与黄巾相似"[1]，大概也受了黄巾军的影响。但是张鲁并没有起义反抗政府，而只是割据一方，实行的政策还对老百姓有些好处，最后归降了曹操，他算不上是农民起义。东晋末年，又发生了孙恩、卢循领导的农民起义。孙恩出身低级士族，他们家世奉五斗米道，江南的农民不堪东晋政权剥削骚扰，纷纷起义，孙恩借机起兵，扩充至数十万人。他自号"征东将军"，转战东南各地，并建立了海军，如不胜就退守海岛，形势有利就出兵进攻。他攻入东南重镇会稽，杀死官吏谢琰，进至丹徒（今镇江），威逼建康，后来不幸战败牺牲。他的妹夫卢循继续领导起义军，自号"平南将军"，浮海占领广州，和政府军发生多次战争，不胜后又转到交州，最终失败。但起义农民军战斗长达十三年，加速了东晋的灭亡。孙恩、卢循的部队中有不少士族地主参加，也没有提出明确的斗争目标，最终导致失败。

宋代起，"田制不立"，国家不再干涉私有土地的发展路径，小农破产、流亡加速，农民深切感受到经济上的不平等，所以起义中有了经济口号和要求。北宋时在成都发生了王小波领导的起义，提出"吾疾贫富不均，今为汝均之"。在王小波牺牲后，李顺继续领导起义，而且把均贫富的口号付诸实施。所到之处，"富人大姓，令具其家所有财粟，据其生齿足用之外，一切调发，

---

[1] 陈寿：《三国志·魏书》，第263页。

大赈贫乏"[1]，所以得到农民拥护，攻克成都，许多州县纷纷响应。李顺在四川即位称王，国号大蜀，和宋政府军激战很久，最后以失败结束。

南宋建炎年间（12世纪初），湖湘地区发生了钟相、杨幺领导的起义，组织乡社，宣传"法分贵贱贫富，非善法也。我行法，当等贵贱，均贫富"。这就包括了政治上和经济上两方面的要求，不过内容没有得到进一步的说明。这里还从法律层面提出问题，批判统治阶级的法律不是善法，说明农民已经感受到统治阶级的法对自己的不公平。宋代法律沿袭唐代，人有贵贱之分，土地贫富不均也日益激烈，所以有这样的口号。但是似乎农民还没有达到建立自己的法的明确自觉。"我行法"的说法比较模糊，难以说农民要建立自己的法律。

大批农民参加钟相领导的起义，钟相宣布，参加起义者，一律免除赋税差科，不受官司法令的束缚。钟相建立政权，国号楚，年号天载，在洞庭湖周围形成自己的管辖地域。钟相牺牲后，杨幺继续领导农民斗争，坚持了四五年后不幸仍然失败。

中国农民起义虽然往往以建立自己的政权为目标，但起义开始时以宗教为号召，动员群众、组织群众的不在少数。黄巾军之后，宋、明、清朝代更易之际，摩尼教起过很大作用。摩尼教来自伊朗，3世纪时由摩尼创立。该教主张"是法平等，无有高

---

[1] 转引自翦伯赞主编：《中国史纲要（增订本）》下册，北京大学出版社，2018年，第388页。

下",意在建立一个世界性的宗教。它有所谓"二宗三际"说,二宗指世界上存在着光明与黑暗两种元素的斗争,三际是光明与黑暗斗争的三个阶段。摩尼教一度在萨珊波斯十分流行,后来受到迫害。摩尼死后,其信徒四散,向东方和西方传播该教。唐代该教从西域传到中原,改称明教。北宋末年,摩尼教在江浙、福建等地最为流行。他们提倡不吃肉,不饮酒,对贫穷的教徒互相帮助,亲同一家。所谓"吃菜事魔",就是说他们素食而且信仰"魔教",宋代认为他们是一种邪教,有反抗政府的嫌疑,是信仰魔鬼,处处皆有,"更相结习,有同胶漆,万一窃发,可谓寒心"。摩尼教领袖方腊,集合了1000余人的队伍,号召说:"今赋役繁重,官吏侵渔,农桑不足以供应……东南之民苦于剥削久矣,近岁花石之扰尤所弗堪,诸君若能仗义而起,四方必闻风响应。"不久发展到十余万人。但这次斗争没有坚持很久,即被政府军消灭。不过,摩尼教仍然以明教、香会的名义,在民间秘密流行,成为元末农民大起义的渊薮之一。

元代阶级压迫和民族压迫都十分尖锐,它把国人分为四等。第一等为蒙古人。第二等为色目人,指西夏、回族、西域地区的人。第三等为汉人,指北方比较早受统治的汉族和其他女真、契丹等民族。第四等为南人,是长江以南后来被征服的汉人,最受剥削压迫。这种区分,在中国历史上是从来没有的,中国农民向来有平等观念,如今受此压迫,反抗之心油然而生。加之元代统治者出身游牧,文化思想落后,对汉族横加割剥,规定汉人、南人不得迎神赛会,不得挟弓矢,不得养狗、养雀鸟,甚至要尽杀刘、李、张、王、赵五姓汉人。虽然也有一些蒙古贵族统治者逐渐汉化，但是更多的蒙古贵族反对汉化，导致元代民族矛盾、阶级矛盾不可调和，爆发了元末农民大起义。

1351年，两场农民起义爆发。一场在北方颍州，领导人是刘福通；另外一场在蕲州、黄州，领导人是徐寿辉、彭莹玉。他们长期以来都是白莲教首领，利用白莲教组织群众。白莲教创立于南宋，创立者为茅子元，是根据佛教的净土宗加以改易而创立的，劝人皈依三宝，受持五戒，即不杀、不盗、不淫、不吃肉等，声称只要专念弥陀，即可往生净土。信奉白莲教的大都是贫苦农民和小手工业者，备受民族、阶级压迫剥削，在领袖的号召下，举起反抗大旗，他们头裹红巾，称红巾军或红军。刘福通的红巾军实力最大，与元军转战各地，前后十三年，大小数百战，摧毁了元朝的统治根基。与此同时，各地农民起义也纷纷兴起，可惜这些农民军都没有提出明确的斗争目标和纲领，只有朱元璋在红巾军中知人善任，有远大目标。他依靠红巾军不断发展壮大，扫平群雄，挥师北伐，提出"驱逐胡虏，恢复中华""立纲陈纪，救济斯民"的口号，取得胜利，建立明朝。他虽然是贫农出身，部队也是依靠红巾军的农民军组成，但他建立的明朝，仍然是一个封建政权。

明末伟大的李自成起义，提出"贵贱均田"口号，这是反对明代土地过分集中而发出的。但这一口号也比较模糊，贵贱均田是否要没收地主土地，分配给农民，没有明确答案。均田是我国历史上统治阶级就实行过的政策，如果只是模糊的均田口号，就没有多少新东西。另外，起义军还提出"免粮"的口号，"蠲免钱粮，五年不征"，所以老百姓的歌谣是"不当差、不纳粮"。在城市中则提倡平买平卖，也受到中小商人的欢迎。李自成起义军主要是实行了剥夺剥夺者，剥夺贵族、地主、富豪的财产给予农民和普通老百姓，成为动员广大群众参加起义的重要手段，但如何维持起义军长期的斗争和生活需要，还没有形成明确可行的纲领。

太平天国是中国进入近代后发生的自发的农民战争，声势浩大，占领中国半壁江山十数年，几乎推翻了清朝的腐败统治。他们也提出了比较鲜明、完整的斗争纲领。本书虽然不叙述太平天国事件，但它的纲领作为旧式农民战争的最高表现，仍然值得我们分析一下。

清朝末年，社会矛盾尖锐，农民斗争风起云涌，北方有白莲教起义，前后十余年，打死清军将领400多人；南方有天地会，以反清复明为号召，不断组织起义活动。此外，少数民族也到处起事。太平天国领导人洪秀全是广东人，出身中农家庭，受过传统儒家教育，后来接触了基督教教义，他结合这些形成了自己的革命思想，写了《原道救世歌》《原道醒世训》，宣传天下男子都是兄弟、天下女子都是姐妹的平等思想，号召实现"天下一家，共享太平"。又写了《原道觉世训》等，号召推翻清朝统治，建立一个皇上帝统治的世界。1851年，洪秀全在广西桂平金田村起义，建立太平天国，西方的上帝被称为皇上帝，耶稣是天兄，洪秀全是天王，即耶稣之弟，其他太平天国诸王都成为上帝的众子。这样的政治纲领，因为具有兄弟平等的观念，再加上天下为公的大同理想，成为农民和许多普通群众的追求目标，一时间声势浩大，三年之内就攻克湖南，连下武汉、南京，在南京建立首都，成为和清廷对抗十余年的农民政权。

太平天国最重要的纲领是天朝田亩制度，提倡"凡天下田，天下人同耕"，按照人口多少，分配土地，实现"有田同耕，有饭同食，有衣同穿，有钱同使，无处不均匀，无人不饱暖"。田分九等，分田照人口，不论男妇，人多多分，人少少分。妇女一样能分到土地，16岁以上给全份，15岁以下给一半。分配方面实行财产共有和产品供给制，设立国库，农副产品一律归公，按照平均原则，将生活资料分配到各户。当然，这些制度存在相当程度的空想，基本上没有实行。平均分配土地，是一种平均主义，但是并没有取消私有财产。均田之说，中国古代统治阶级的思想家和政府一直有这样的思想和措施，不过他们没有剥夺统治阶级的土地，而太平天国的均田是要取消统治阶级的土地的。这应该是革命的思想。小农经济一直到社会主义初级阶段都有益于发展生产，它具有顽强的生命力与适应性。太平天国建立的国库制度，好像是一种军事共产主义，这是特殊情况下采取的措施；捷克农民战争时，塔波尔派也曾经采取过类似的办法，这些可能都是临时措施，不能长久实行。

这个农民政权不久就逐渐变质，退化为和封建主的清朝差不多的政权，上层安享荣华富贵，比封建主统治阶级那一套有过之而无不及。洪秀全完全成了一个皇帝，再加上发生内讧，杨秀清、韦昌辉先后被杀，石达开出走，西征失败。虽然有李秀成、陈玉成努力奋斗，但无法挽狂澜于既倒。天国最后被"汉奸刽子手"曾国藩（范文澜语）等消灭。

二 英法农民起义的纲领

英国1381年农民起义是中世纪最著名的起义。起义军进入伦敦，掌控了局势，处死了坎特伯雷大主教和财政大臣，然后和国王谈判，提出了自己的要求，这就是所谓迈尔恩德纲领。主要内容是：1.所有的人应该解放，不再有奴隶；2.赦免一切犯罪者；3.允许自由贸易；4.每英亩领有的土地只交4便士的税（地租）。但更激进的一些农民还提出了一个要求，这就是斯密茨菲尔德纲领：内容为：1.除温彻斯特法之外不应再有其他法律；2.一切人自由平等；3.废除农奴制；4.没收教会财产，分给平民。

这些要求看来都是一些改良性质的。法国的农民起义，例如著名的1358年的扎克起义，并没有多少具体要求，过去根据当时的编年史记载，大都强调他们以暴力反对贵族，屠杀贵族，焚烧其房舍，摧毁其堡垒，但现在进一步研究则证明，扎克也并没有如此残暴。[1]但是他们没有具体的纲领。后来发生于17世纪的法国农民起义，也只是要求降低税收，因为这些税收是为了供养那

---

[1] Mollat, M. and Wolff, P., *The Popular Revolutions of the Late Middle Ages*, 123–124; Firnhaber-Baker, J. with Schoenaers, D. edited, *The Routledge History Handbook of Medieval Revolt*, 59.

些官吏，而不是国家所必需的。他们反对的是当时黎塞留这些官吏，而不反对国王和他为国家征收的合理的税收。[1]

西欧农民起义的纲领，有废除农奴制、自由平等的要求，因为西欧的农奴制在中世纪时是确实的存在，带给农民许多负担，受到农民痛恨。中国农民是国家的编户齐民，法律上没有人身不自由的问题，他们提出的"等贵贱，均贫富"，具有平均主义的内容，但和西欧农民要求的自由平等不同。西欧农民要求的自由平等，是从农奴制压迫下解放的表示，和中国农民的平均主义很不一样。

三 俄国农民战争的纲领

俄国的农民战争是在皇权主义的指导下进行的。从伪季米特里事件，到后来的鲍洛特尼可夫起义、斯杰潘·拉辛起义等，都是反对大贵族而相信沙皇的。特别是普加乔夫起义，他本人就自称是沙皇彼得三世，他的文告号召"人人平等"，都是沙皇的子民。他答应"所有原来处于农奴地位和地主仆役地位的人成为我们自己国王的忠君奴隶，我们将赏给他们古代的十字架和祷文，头发和胡子，自由和永作哥萨克的权利，不要求征募新兵，不征收人头税和其他货币税，而准予他们占有土地、林地、草地、鱼塘及盐湖，无须购买，也不用交代役租。我们铲除恶霸、贵族和贪官——即法官们以前加于农民和全体人民的种种苛捐杂税及赋

---

[1] Mousnier, R., *Peasant Uprisings in Seventeenth Century France, Russia and China*, 60-61.

役"。他还号召处死地主，将他们的财产、土地分给农民等。[1]这首先是哥萨克经济地位、政治地位的反映，哥萨克要求的自由是不做农奴，可以在草原上占有土地，自由驰骋，甚至打家劫舍。这里面也包括了俄国农民的一些要求，如将地主的财产、土地分配给农民，反对法官加给人民的苛捐杂税等。但这些要求都是作为沙皇的子民向沙皇提出的，所谓"人人平等"的口号，是作为沙皇子民的平等，作为沙皇的"忠君奴隶"的平等。

以上三种纲领，似乎没有受到宗教的影响。太平天国受到过基督教的影响，不过在受儒家学说控制的中国，基督教的影响是很难被中国人了解的，即使是洪秀全，也是用来为他的起义做准备，形成一种和清廷对抗的思想，将清人说成是妖，是魔鬼，号召将其消灭。

四 捷克农民战争的纲领

从下面的例子可以看出，宗教思想，方才可以让农民的斗争纲领达到更高的境界，达到消灭封建社会、建立另外一种社会的水平。在捷克的胡斯战争和德国农民战争中，这种因素就显示出来。对上帝的信仰，使人们相信上帝（神）会给人以幸福的世界，在上帝面前人人平等，那时没有贵族，也没有国王，唯一的统治者就是上帝，而上帝是一种虚幻的存在，所以也就等于没有

---

[1] 斯米尔诺夫等：《十七至十八世纪俄国农民战争》，张书生等译，第303—304页。

统治者。这就是宗教能够产生推翻封建社会思想的根源。这两个农民战争，可以说都是以宗教改革为其斗争的出发点和归宿，亦为其指导的。

捷克胡斯战争中的塔波尔派的纲领，充满了宗教色彩，是由群众传教士宣传而成的。群众传教士的宣传没有记录，没有文本，我们只能从官方的记载中去推测。官方的记载有许多歪曲，但仍然可以看见其内容。塔波尔派纲领中的主要内容是千年太平说，即基督逝世一千年后将再次降临，在地上建立起千年王国。那是一个幸福和正义的王国，地上将没有国王，没有统治者和臣民，一切捐税和租赋都要废除，暴力被消灭，没有私有财产，人们将像兄弟姐妹一样生活。塔波尔派号召，如果大贵族、高级教士、城市贵族胆敢反抗，就必遭歼灭。当然，他们打击的主要目标还是天主教会，他们拒绝天主教仪式和教会组织，只承认圣经是信仰的唯一权威。

塔波尔派认为祈祷在教堂中和在露天同样可以进行，举行祈祷仪式应该使用人民听得懂的语言，人人可以当牧师，妇女也不例外。在各种圣礼中只承认圣餐礼。他们完全否认天主教会和教皇，认为牧师等应该由人民选举产生。这些就是从威克里夫、杨·胡斯，一直到路德所宣传的宗教改革思想的激进化、人民化[1]，塔波尔派在早期的上山运动中，曾经进行共产主义式公社的尝试。设立公库，人们把带来的食物、钱财等都放入大桶中，归

---

[1] 鲁勃佐夫：《胡斯战争》，叶文雄译，第123—125页。

指挥官分配给大家使用。全体成员分为两部分，一部分从事战斗，另外一部分从事生产，定期轮换。领导公社的是推选出来的指挥官，是终身职，享有军事指挥权，遇有重大问题，则在全体大会上讨论决定。

塔波尔派中还有一个最激进的派别，称毕卡特派，他们想象一个没有私有财产，人人像兄弟一样生活的社会。他们坚决反对教堂、修道院和一切教会组织，要求人们在没有私有财产和没有家庭的状况下生活。他们的思想超越了时代，也引起了塔波尔派的不满，导致发生内讧，以毕卡特派被镇压告终。

五　德国农民战争的纲领

德国农民战争，虽然战争进行的时间并不长，但它的纲领却呈现了推翻封建社会、建立未来社会的革命思想，这是十分值得我们研究的。

原来认为，德国农民战争的纲领主要有三种，一是书简，代表了最激进的闵采尔的思想，要求推翻封建制度；二是十二条款，代表了温和的农民的要求，得到了大多数起义农民的拥护，流传最广；三是海尔布隆纲领，代表了市民的改革要求。现在，经过长期研究，德国农民战争的纲领的相关研究已经大为深入，提出了许多新见解。

发掘出的农民战争时期的传单和小册子，大致有几百份，这些传单和小册子是起义最直接的资料。其作者或者本人就参加了起义，或者目睹了起义的过程，或者作者就是起义的领袖。它是1525年革命斗争的武器，反映农民的要求和意见。这些传单和小册子由当时的印书馆印刷，一般有几页，也有一二十页的。另外，反映农民意见的还有一种陈情书，是农民向贵族、修道院长等提出的，叙述自己的苦难，抗议贵族的严重剥削，要求进行改革，比较缺乏理论性，是就事论事的一些要求，但也反映农民群众的情况和意见。

德国农民战争提出了神法（divine law）作为他们一切要求的基础理论。本来封建主义强调的是传统，是古之法，古之法规定了君权神授，规定了农民只能服从贵族领主的统治。路德的宗教改革，提出了反对教皇的权威而建立圣经的权威，因为教皇是封建主义的代表，也是一切封建制度的总结。路德的宗教改革就具有了革命的内容，给了人民大众批判现存制度的武器，即不符合圣经的，就是不正确的，就是应该打倒、消灭的。这就是神法的革命作用。布瑞克指出，任何要求，只要能从圣经中找到支持它们的证据，就可以提出。将来的社会和政治秩序已经成了一个可以公开讨论的问题。[1]所以，士瓦本的农民起义者曾经将十二条款送给路德，路德还曾经就这一条款和农民进行过讨论，其中不乏同情农民之处。[2]这说明宗教改革对农民战争的启发作用，只是后来双方分道扬镳了。

---

[1] 布瑞克：《1525年革命：对德国农民战争的新透视》，陈海珠等译，第94页。
[2] 朱孝远：《神法、公社和政府：德国农民战争的政治目标》，第82页。

下面，我们就根据神法的理论基础，考察农民战争中的各个纲领。

（一）十二条款

十二条款是一个流传十分广泛的文件，许多农民军都把它作为自己的斗争纲领向封建主提出过。农民要求建立一种以圣经为核心的、合理的、公正的新社会制度，这就是十二条款所表现出的革命性，就是以神法为理论基础所能达到的革命要求。这样就把它的温和的要求转化成为革命纲领了。它的内容是：

1. 农民要求有选举和撤换牧师的权力，这样才能保证获得纯粹的福音教义。

2. 小什一税应当取消。大什一税在教区中分配，首先分给牧师，其次分给教区中的穷人，剩余的保存，备作必要时的防卫费用。

3. 废除农奴制。

4. 农民有在村社渔猎的权利。

5. 树林和森林应该归还村社，农民有在里面采集建筑用木材和收集烤火材草的权利。

6. 劳役的数量应以传统惯例和福音为标准。

7. 应该遵守租赁契约。农民有权建立自己的农场，农民的劳动应得到报酬。如果领主需要劳役，农民可以提供，但领主需要给农民报酬，而且以不影响农民自己农场的劳动为条件。

8. 农民负担的地租过重，佃农不能保证最基本的生活，应该由公正人士重新规定地租租额。

9. 司法官员经常加重重大罪行的罚金,并且任意处罚,农民要求按照旧的标准进行处罚。

10. 原来属于村社的耕地、草地应该归还村社,如果有已经卖出者,应该协商解决。

11. 取消农奴的死亡税。

12. 如果提出的这些条款中被圣经证明有欠公正,农民愿意取消;同样,农民有权利根据圣经观点提出新的要求。[1]

布瑞克分析说,十二条款反对的是整个封建的、社会的以及政治的秩序。它在以下两方面具有真正的革命性:实践方面,关于农奴制、什一税和选举牧师的条款;原则方面,把圣经作为社会和政治的标准。无怪乎路德对十二条款的回复是:"你们正在夺取政府的权力,甚至于它的权威——或者可以说,它的一切,一旦政府失去了它的权力,它还能维持什么呢?"[2]

(二) 致德国全体农民书

这也是德国农民战争期间,在士瓦本地区出现的。它像是一个领导人在农民起义军大会上的演讲。小册子有23页,共11章71节,作者不详,可能是闵采尔的好朋友,或者就是闵采尔本人。[3]

---

1 十二条款原文参看布瑞克:《1525年革命:对德国农民战争的新透视》,陈海珠等译,第222—228页。
2 同上,第1页。
3 朱孝远:《神法、公社和政府:德国农民战争的政治目标》,第81页。

小册子宣传和平抗议的时期已经结束，必须起来进行坚决的武装斗争，这才是争取自由的唯一出路。作者提出，神法是最高的统治权威和人间社会的基础，政府必须按神法行事，以保卫、帮助普通人为目的。

第一章认为，真正的基督徒是不需要政府的，因为每个人在基督之下成为一体，人人相爱。

第二章说，非基督徒的存在，才使得需要一个人世间的统治者，需要统治者来惩罚非基督徒，保护好基督徒。做官的原不是叫行善的惧怕，乃是叫作恶的惧怕。

第三章，一个真正基督徒统治者，必须具备信仰和爱心，知道人人平等，根据信仰和爱的目的来征收税赋，把收入用来照料穷人和孤儿。掌管好一个政府，是一副十分沉重的担子，真正的基督徒从中得不到什么快乐，反而会为如何履行好他的职责不断感到焦虑。一切执政者，无论他的位置高下，都应该以一个贱骨头的虔敬向上帝祈祷，求神给他智慧和悟性，使他可以承担起自己的责任。

第四章，皇帝、教皇、国王、诸侯等，炮制自己残暴的法律和法规，错误地进行统治，就意味着他们背叛了上帝，因此人们无须再服从他们。

第五章，讨论了两种政府，世袭制的和定期选举制的，哪一种更好的问题。作者以罗马帝国为例，说明罗马帝国从恺撒起就进行恐怖统治，对其臣民犯下的罪行可谓罄竹难书。列举奥古斯都、盖乌斯、克劳狄乌斯、尼禄、卡尔巴、多米提安等人，历数其犯下的各种罪恶。总之,在罗马人把共和制变成君主制以后,他们就开始了一切的苦难,成为强大的统治者的奴隶。还举了巴比伦帝国的例子,那里因为世袭制的统治、偶像崇拜,被上帝毁灭。最后,以色列人本来有一个共和制度,治理得很好,人民生活也十分幸福,后来变成君主制,使上帝十分愤怒,让他们得到极大的痛苦和困苦。所以,世袭制和领主制完全是反对上帝的。

第六章,谴责诸侯们把野兽变成自己的财产,剥夺普通人。

第七章,讨论社区是否可以罢免他们的统治者。一个社区或者一个地方有权罢免它的领主。没有人可以以权谋私,他必须服从神法,如果他不这样,把他打倒和赶走就是赞美上帝。

第八章,讨论什么是社区罢免它的领主的方式。号召群众以公牛般的大无畏精神,勇敢奋战,如果对手要制造战争,举起福音书、枪、长矛、戟、盔甲,和他们战斗。

第九章,驳斥诸侯、领主指责造反的农民是反叛者,指出,没有基督徒和好的统治者会遭到他的臣民的反叛,起义的发生总是针对那些罪恶的、不敬神的暴君。

第十章,号召农民互相之间忠诚,互相团结,不要溃逃,否则就会遭到敌人无情的屠杀和折磨。

第十一章,规定了一些起义者的组织、纪律等。[1]

---

[1] "致全体德国农民书"全文参见朱孝远:《神法、公社和政府:德国农民战争的政治目标》,第208—233页。

按照朱孝远的意见,这一文件是1525年的一个革命宣言,要求结束封建政府的统治,建立人民的共和政府。这个政府能够体现秩序和自由、人民意志和政府意志。这个政府的共和制混合了罗马的共和制,瑞士联邦、帝国自由城市,德国南部农村公社的特点。[1]

(三) 海尔布隆纲领

1525年5月,农民军占领海尔布隆,市民被迫接受农民军入城,在这里,文德尔·希普勒领导制定了海尔布隆纲领,体现起义农民、市民的要求,其内容如下:

1. 选举产生牧师,赡养他们,他们的财产收归公用,节余的费用救济穷人。

2. 公爵、伯爵、贵族、骑士等,可以保持相当的收入,不能压迫穷人,而要公正地审判。

3. 城市自由,商业交通安全。

4. 罗马法博士不得参加法院。

5. 正式受职的教士不得担任世俗官职。

6. 法律面前人人平等,法院应该有各阶层,包括农民的陪审官。

7. 取消商税、过境税、食品税,以及其他一切苛捐杂税。

---

[1] "致全体德国农民书"全文参见朱孝远:《神法、公社和政府:德国农民战争的政治目标》,第98页。

8. 道路自由，如果在诸侯、贵族领主境内遭受损失，诸侯、领主应该进行赔偿。

9. 保留十年交纳一次的皇帝赋税，其他赋税一律废除。

10. 统一币制。

11. 统一度量衡。

12. 限制操纵货币兑换的富商，如富格尔家族。[1]

这一纲领被认为是希普勒的朋友魏甘德所写，但反映了希普勒的意见。纲领反映的是市民阶层的改革要求，它要求实现国家的统一，加强王权，取消教会的世俗权力，统一度量衡，限制和封建主勾结的银行家的势力等，都有利于德国发展资本主义。对于农民的要求，却没有什么照顾。当然，这一纲领在当时是不可能实现的，只是反映激进市民的改革思想而已。

（四）闵采尔的书简纲领

书简纲领是1525年初提出的，它出自闵采尔之手，比较简短，像是一个排在各种具体纲领、要求前面的序言，但是蕴含着革命的意义。它说，教会、世俗领主、政府机关是压迫的根源，它们的压迫已经到了不堪忍受的地步。为了反抗压迫，要组织基督教联盟，这个联盟的计划是，如果可能，就无须通过武装斗争和流血来获取自由，但是，如果不可能，那就是要使用武装的手段。

---

1 纲领内容参看郭守田主编：《世界通史资料选辑（中古部分）》，第352—356页；戚美尔曼：《伟大的德国农民战争》下，北京编译社译，第770—771页。

希望大家自愿地、友善地加入基督教联盟，使整个基督教事业的利益和友爱得以恢复、建立和增进。如果拒绝加入，那就要对这些人实行世俗的斥革，即不给他们吃、喝，不和他们来往，让他们留在世界上，就和与世隔绝的死人一样。对于领主城堡、教堂和修道院，应该立即宣告实行世俗的斥革。[1]

书简纲领是德国农民战争中最革命的纲领，虽然使用的语言是基督教式的，但传达了推翻封建制度的思想，在战争过程中许多农民军曾经实行书简纲领的要求，对封建主实行世俗的斥革，将其消灭。

总之，德国农民战争中的纲领，有许多达到了用神法取代封建法律的水平，在神法的指导下，用基督教联盟的名义，建立共和政府，口号是"兄弟之爱"和"公共利益"，废止领主的剥削。这是德国的资本主义有一定发展的前提下出现的纲领，也是在宗教改革旗帜下才可能出现的纲领。可惜实行这些纲领的时机还不成熟，农民军内部混入了许多其他派别，不能把斗争进行到底，而是处处妥协、投降，最后以农民战争的失败告终。

小　结

从历史上看，农民组成不了单独的社会，虽然封建社会中农民是绝大多数，但是统治他们的是少数的封建主阶级。魏可汉

---

[1] 纲领内容参看郭守田主编：《世界通史资料选辑（中古部分）》，第342—344页；戚美尔曼：《伟大的德国农民战争》上，北京编译社译，第408—410页。

提出有单独的农民生产方式，其说可疑。因此，我们可以说，封建社会中的农民战争提不出建立新社会的纲领，他们要求的，最终只是改朝换代，即将旧日压迫者打倒，换一个新政权，而这个政权仍然是按照旧政权的模式建立的，其社会、经济、政治诸单元，大体上依然是旧的模式。如果说新的统治者是农民，这些农民很快也会转化为新的封建统治者。朱元璋的朝代就是一个鲜明的例子。

农民提不出建立新社会的纲领，并不是说农民就没有自己的斗争目标，没有自己的纲领。封建制下的农民，在反对封建压迫剥削的斗争中提出过许多自己的要求，这些要求、纲领，随时间、地点等的不同而不同，现在就根据前面的叙述，再做一些分析。

中国农民战争波澜壮阔，成就辉煌。他们的政治纲领往往就是推翻旧王朝，建立新王朝，"彼可取而代之"。中国古代农民的平等思想，包括作为朝廷编户齐民的平等，各种宗教派别的神灵管辖下的平等，乃至太平天国的皇上帝统治下的兄弟姐妹的平等，都是模糊的平等观念，并没有作为现代国家公民的政治上、法律上的平等。他们即使建立了新王朝，那也一定是旧王朝的翻版，一样设官分职，列爵封侯。成功了的农民对旧政权、旧官僚贵族的痛恨，会使他们对之进行清算，但是他们对自己应该如何统治也没有清楚的认识。

中国农民战争的经济纲领，主要表现为平均主义，就是要求土地的平均。中国古代政府提倡均给小农以土地，把他们束缚在土地上，令其纳税服役。同时农民也可以有自己家庭的生产资料和生活资料，自耕自食。中国和西欧中世纪的封建社会不同，农民都有自己的土地，虽然土地国有制之说一度甚嚣尘上，但现在这已经是众所周知的"东方主义"假说，没有事实依据。这和西欧中世纪大不相同。中世纪西欧农民没有土地所有权，他们耕种的是领主的土地，即使是自由人，其耕地也往往是领主的。所以中世纪欧洲农民起义，没有提出过要求土地的纲领。

太平天国的天朝田亩制度，可以说达到了旧式农民战争经济平等的最高要求。它规定平均分配土地，男女一样配给，虽然内容上没有剥夺地主土地的说明，但是地主不能多占有土地，也就意味着他们的土地要拿来分配。他们追求的是"无处不均匀，无人不饱暖"的社会。我们可以说，这个纲领是空想主义的，但不可以说它是反动的。说它空想，是因为不可能实现单纯小农建立的社会，不过小农经济长期以来，甚至直到现代社会，在全世界仍然具有生命力，仍然维持着社会经济的再生产和人们生活的再生产。只是随着生产力的变迁，小农经济的表现形式也在变化，不能拿封建社会中的小农经济和资本主义下的美国小农场主完全等同视之。

总起来说，中国古代农民战争具有革命性的纲领，他们立志摧毁旧世界，可是不知道如何建立一个新世界。而建立的新世界仍然要落入旧世界的旧模式，最终只能实现改朝换代。朱元璋、洪秀全就是证明。

西欧的农民战争，其纲领主要内容是废除农奴制，因为经济上的剥削和政治上、法律上的压迫都体现在农奴制上。为什么西欧农奴没有土地上的要求呢？因为土地属于领主，领主为了保证经济上的利益，必须把土地分配给农民，这一小块土地对农民来讲是有保证的，所以西欧没有土地兼并一说，农民的土地不会被地主、领主完全取走，相反还要保证它留在农民手中。中国农民自宋代后就不断受兼并之苦，甚至破产流亡，所以平均地权成为他们的普遍要求，直到太平天国的天朝田亩制度的革命纲领。后来西欧农奴制普遍废除了，但是领主、地主仍然掌握着土地，农民可以说是一种佃农，为使用土地仍然对地主有负担，像英国的公簿持有农（copy holder）一样。所以，西欧农民的纲领是一种改良性质的，只是要求减轻一些封建负担，没有摧毁封建制的目标。

封建社会下的农民都处在国王、皇帝的统治下，有的比较直接（如中国），有的比较间接（如西欧），如前面指出的，统治阶级的思想是阶级社会中占统治地位的思想，而统治思想无不宣传王权的神圣性和爱民性。就像英法国王，虽然权力有限，但是还都有神圣的手指，可以给普通老百姓治好瘰疬病，所以封建主之下的农民大都对国王、皇帝有一种好感，有一种迷信，相信他们是爱护子民的。这种思想在各国表现不同，中国农民皇权主义最少，相信彼可取而代之。像《水浒传》中的皇权主义，"只反贪官，不反皇帝"，应该是封建文人代替农民想出来的，在实际上似乎没有真实性。

英国农民的1381年起义，瓦特·泰勒被莫名其妙地杀死后，失去领袖的农民群众，而且是已经武装起来的农民群众，就被国王领着走向被屠杀的广场，这也是皇权主义的一种表现。俄国农民起义的皇权主义表现最为严重，从季米特里到普加乔夫，伪皇事件层出不穷，几乎每一次农民起义的发动，都是在伪皇的号召下产生的。这是因为俄国农民的公社传统十分悠久，农民被束缚在狭小的公社中，目光短浅，相信仁慈的沙皇会替他们主持公道，这就是斯大林说的，他们反对地主，可是相信好皇帝。要求一个好皇帝成为他们起义的纲领，也就注定了他们的起义不会成功。

德国农民战争的纲领最为先进。16世纪的德国，在经济发展上不如当时的英国和法国，政治上四分五裂，统一是它面临的大问题，但是经济上有一定的发展，也出现了向近代社会过渡的曙光。所以德国农民战争的纲领，不但有推翻旧的封建制度的要求，也提出了建立新社会的目标和具体形式。之所以如此，是因为宗教改革在德国农民战争中起的作用巨大。中世纪西欧，基督教思想笼罩一切，而威克里夫、杨·胡斯，特别是马丁·路德提出的宗教改革，打开了思想解放的闸门和指明了思想解放的道路，提出用神法取代传统的古之法，一切都以圣经为依归。人人可以读圣经，人人可以用自己的理解解释圣经，人人也就可以创造自己的上帝、天国和现实世界。而执笔起草纲领的人，大都是传教士、小贵族，是有知识的人，所以才有了像书简、海尔布隆、致德国全体农民书等纲领，它们不但要求摧毁旧世界，而且提出建立新世界的设想和具体内容，被评价为德国的第一次资产阶级革命。当然，建立新世界在当时的德国时机还不成熟，所以德国农民战争最后也以失败告终。

第五章
农民战争的历史作用

历史上农民起义的作用，原来都强调打击了封建统治。但这是一种概念化的论述，如何打击，起了什么效果，并没有说明。

一　让步政策问题

中国历史上农民战争的作用，原来有让步政策的说法，即农民战争打击了封建统治，使得封建主、封建国家认识到农民的力量，所以采取一些政策，如轻徭薄赋、减少剥削，这样农民的生活情况得到改善，生产力得到发展，有利于社会的发展进步。所以在王朝初年，在农民战争之后，都会有这种政策的出现，而且也是中国的治世，像文景之治、贞观之治等。后来让步政策的说法遭到批判，说没有让步政策，在农民战争之后，封建主、封建国家采取的是反攻倒算，即变本加厉地剥削、镇压农民群众。这本来是一场学术讨论，因为"文革"变成为政治斗争，于是反攻倒算说成为主流，"文革"过后对农民战争的评价方才逐渐正常展开。现在一般的说法，让步政策还是主流，认为这是农民战争推动历史进步的表现，是农民战争的历史进步作用。

苏联时期的史学家讨论过农民战争的让步政策问题，他们倾向于没有让步政策，即统治阶级不会实行对农民让步的政策，相反，更多时候是在农民战争失败后加强了镇压。例如，有人评价拉辛的起义被镇压后，封建土地所有制更加牢固了，农奴制在南方更加发展、加强，封建主阶级在相当程度上克服了内部矛盾，国家制度向着君主专制道路大踏步前进。[1]但苏联史学家仍然肯定农民战争的进步性，说他们为土地和自由而斗争，开辟了资本主义的发展道路[2]，即对农民战争的评价仍然是正面的，肯定其进步性的。也有的史学家认为，中世纪的农民斗争对封建社会发展发生间接作用，使统治阶级团结在政府周围，迫使教会假装保护穷人和弱者，造成利于异端产生的氛围和土壤。而这种斗争，也使农民自己锻炼出了组织性和政治经验，发展了农民的阶级自觉。[3]新近出版的《俄国史》评价鲍洛特尼可夫起义，说其促进了1649年会典规定的农奴制的形成。[4]而普加乔夫起义，促使叶卡捷琳娜加强中央集权，用立法强化居民的等级。[5]这似乎强调的是农民战

---

[1] 斯米尔诺夫等:《十七至十八世纪俄国农民战争》，张书生等译，第200页。

[2] 同上，第369、379页。

[3] Под Ред., Барг, М. А., История Крестьянства в Европе, том II, стр. 591.

[4] Орлов, А. С.: История России, Москва, 2011, стр. 93.

[5] Орлов, А. С.: История России, стр. 166.

争失败导致的社会状况的恶化。

西方学者对农民战争、农民起义一般都予以积极评价。英国马克思主义史学家希尔顿说,农民和封建主在封建社会处于对立状态,并不和谐,农民起义的基本目标都达到了。第一就是他们减轻了负担,从劳役租向货币租过渡,而货币租也不断减少;第二就是废除了农奴制,取消了奴役状态。当然这些变革也都有源于经济变化的作用,但农民的斗争作用不可低估。[1] 法国学者莫拉特和乌尔富也积极评价农民起义,他们认为,1381年起义后,人头税不再征收,农奴制也逐渐瓦解,这都是起义的效果。从长远的目标来看(他指的是资产阶级革命),农民战争的要求都实现了。[2] 穆尼埃也认为他研究的17世纪中、法、俄三国的农民战争是一场革命运动。中、法防止了反对社会的倾向,把运动转向针对国家,所以是革命;俄国则加强了专制统治,激起了后来的革命运动。[3] 布瑞克总结了许多学者对1525年德国农民战争的看法,并不同意德国农民战争的结果是加强了诸侯的统治,而认为它是通过普通人的大联合,自下而上地推动社会的民主化,在基督教兄弟之爱的原则下,建立反映人民要求的人民民主社会,即建立"人间天国"。[4]

---

1 Hilton, R. H., *Bond Men Made Free: Medieval Peasant Movements and the English Rising of 1381*, 234-235.
2 Mollat, M. and Wolff, P., *The Popular Revolutions of the Late Middle Ages*, 315.
3 Mousnier, R., *Peasant Uprisings in Seventeenth Century France, Russia and China*, 348.
4 布瑞克:《1525年革命:对德国农民战争的新透视》,陈海珠等译,第8页。

认为农民战争的结果是让步政策，从而推动了历史的进步，我想其难点是如何将二者联系起来。农民战争的直接后果，可以说是很大的破坏：统治阶级为镇压农民，大肆杀戮；战争双方长期或短期进行的战斗，肯定对人的生命财产都破坏不小。统治阶级从这些事情里面得出的认识是应该加强镇压呢，还是应该让步呢？这难以证明。现在让步政策说的证明，都是从一个长过程来说明的，即农民战争之后，改朝换代，后面的王朝吸取了前面王朝失败的教训，采取了轻徭薄赋、与民休息的政策；或者如外国学者那样，将农奴制的消灭和农民起义联系起来，也是长过程的因果关系推测，不是直接的证明。

前面已经指出，封建社会是封建主阶级和农民阶级两大阶级对立的社会，当然还有其他手工业者、小商人、小市民，以及各种依附阶层。统治阶级也不是单一的，也有许多中间阶层。封建主阶级和农民的矛盾斗争是贯穿于社会中的，但二者并不是不断地进行你死我活的斗争，丝毫没有调和的余地。如果不可调和，那社会早就崩溃了。双方既有斗争，也有妥协、退让，不仅封建主阶级会妥协、退让，农民也会妥协、退让。这要看双方的力量对比、主客观形势、各种复杂的因素等的影响。

在封建社会中，统治阶级是有文化、有知识的阶级，他们更早、更快地就认识到不能一味进行剥削、压迫，而要节制，要让步。中国从周代起，就知道敬天保民，"民之所欲，天必从之"，"皇天无亲，唯德是辅"。而有德就是保民，所以很早就出现了民本思想，"民为邦本，本固邦宁"。

春秋战国时期起，诸子百家学说纷起，许多思想家仍然主张对老百姓要爱惜，要保护。孔子说，治理国家要"节用而爱人，使民以时"。孟子更提倡"民为贵，社稷次之，君为轻"。他主张行仁政，恢复三王（夏、商、周）时代的井田制，"百亩之田，勿夺其时"，"黎民不饥不寒"，这样就可以王天下。荀子的思想更进一步，得出了载舟覆舟说，"君者舟也，庶人者水也。水则载舟，水则覆舟。此之谓也。故君人者欲安，则莫若平政爱民矣"（《王制篇第九》）。以后在中国历史上，载舟覆舟说一直成为君主、皇帝统治的信条，知道老百姓不是好惹的。

西方古代的君主统治思想，也主张帝王要有仁慈的一面，对被统治者要行仁政。[1] 罗马帝国时期，皇帝的美德也包括自我约束、仁慈，甚至影响了蛮族王国时的思想家西道尼乌斯，他也有这种看法。[2] 西欧中世纪时期，国王的行为准则也接受了古典时代的遗产，当然也增加了基督教的内容。大量的《王侯明鉴》之类著作要求国君遵守四条准则：一是崇敬上帝，二是自律，三是奖惩权贵和官员，四是保护臣下。国王应该善待人民，受到人民的爱戴是太平的保障。[3] 一直到17世纪，法国的亨利四世和他的大臣苏利还建立了好政府的典型，主张轻徭薄赋，收支平衡，为人民谋福利，税收很低，实现国内经济恢复发展。[4] 当然，由于

---

[1] 伯恩斯主编：《剑桥中世纪政治思想史》上册，程志敏等译，第35—36页。
[2] 同上，第169页。
[3] 勒高夫：《圣路易传》，许明龙译，商务印书馆，2002年，第411、417页。
[4] 王国斌等：《大分流之外：中国和欧洲经济变迁的政治》，周琳译，第196页。

社会情况不同，东西方的古代政治思想有差别，行为方面也不尽相同。

古代帝王在执政方面，实际遇到的有三种力量，第一是帝王本身和他的宫廷、官僚系统，第二是封建主（地主）阶级，第三是农民群众。小农是封建社会的受剥削群众，但同时他们是社会中的生产力，没有他们的生产活动，社会无法生存；另外，他们往往还是帝国的军事力量源泉。巩固的小农经济既构成国家经济的本源，也是国家军事力量的根本。所以帝王一方面剥削农民，另外一方面也大力保护农民，这是他们统治的基础。帝王和封建主（地主）在剥削农民上有一致，也有矛盾，因为封建地主和帝王争夺农民，如果农民投存荫冒，归到地主下面，国家就将失去财源和兵源，所以中国历史上帝王打击豪强的事屡见不鲜。秦始皇徙富豪于咸阳，将他们看管起来。汉武帝也派刺史巡行郡国，调查"强宗豪右，田宅逾制，以强凌弱，以众暴寡"的情况，并且任用酷吏打击豪强。唐太宗修士族志，和旧士族开展斗争。朱元璋打击江南大地主，没收其土地，杀戮其人身，几乎可以说使之扫地以尽。西欧中世纪，封建领主制使大量农民归封建主管辖，国王因此力量微弱，封建领主对农民进行经济剥削和司法管辖。西欧王权的伸张就是从他们要对农民进行管辖开始的。他们通过各种手段，逐渐对农民直接进行管辖，这就是西欧王权也有保护小农的思想和行为的根据。

所以，古代帝王施行仁政、实行保护小农的惠民政策，不一定是看到前朝农民起义的威胁而让步，应该是他们政策中本来就有的内容。统治阶级也都知道,农民生产正常进行,生活安定,社会才能安定,统治也能进行下去。否则民不聊生,天下大乱,统治阶级也不能继续统治下去了。当然,就如我们前面说的,不同时期、不同地方、不同社会情况,会使得保护小农政策有不同的表现。

中国历史上著名的文景之治,就是"汉兴,接秦之弊,民失作业而大饥馑",以至于"人相食,死者过半",所以文帝即位后就多行节俭,与民休息。但仍然"岁一不登,民有饥色",所以多次除民田租。景帝继承文帝的政策,有名的诏书中说,"农事伤则饥之本也,女红害则寒之原也。夫饥寒并至,而能亡为非者寡矣。朕亲耕,后亲桑,以奉宗庙粢盛祭服,为天下先;不受献,减太官,省繇赋,欲天下务农蚕,素有蓄积,以备灾害"。岁一不登,老百姓就没有饭吃,所以他要求检查地方官员是否侵渔百姓。[1]

到了唐代,有历史上著名的贞观之治。唐太宗从兄弟杀戮中夺得帝位,又从隋炀帝的身上看到骄奢淫逸的后果,所以深知载舟覆舟的道理。他说,"天子者,有道则人推而为主,无道则人弃而不用,诚可畏也"[2],"为君之道,必须先存百姓,若损百姓以奉其身,犹割股以啖腹,腹饱而身毙"[3]。所以他上台后也努力做到节俭,注意农业生产,如遇水旱之灾,多所抚恤。结果使天下

---

[1] 班固:《汉书·景帝纪》,中华书局,1987年,第151页。
[2] 吴兢:《贞观政要·政体第二》,上海古籍出版社,1984年,第15页。
[3] 同上,第1页。

大治，岁多丰稔，行旅不赍粮，斗米三五钱。

朱元璋以农民身份做了皇帝，他管理国家像管理一个村子一样。对农民收的税很低，但是官俸也十分低，所以贪污横行，不然官僚无法生活。清廷在入关后大肆杀戮，农村残破，户口流失。清初顺治时看到明末"因兵增饷，加派繁兴，贪吏缘以为奸，民不堪命"，所以执行与民休息，兴修水利，招抚流亡等政策。乾隆时普免天下地丁钱粮三次，以平息百姓的反抗。

法兰克的加洛林王朝，8世纪时的庄园敕令，主要是规定如何管理好帝国的王庄，以为其供应一应生活所需。但是也有保护庄园内小农的内容，如第2条规定应该好好地对待其臣民，不要使他们破产；第3条规定管家（villicus）不得役使臣民为自己服务。877年的凯尔西敕令也规定，他的臣民可以保有份地，任何人不得反对或者割剥之，只要他完成军役即可。

拜占庭帝国的保护小农政策和中国的有些类似，也是反对兼并，打击豪强，使小农能够长期存在。这在马其顿王朝（867—1056）时期尤为明显。922年的新律规定，对任何不动产如土地、房屋、葡萄园的购买或租用，其优先权属于农民和农村公社；豪强不得以任何方式，包括购买、捐赠、遗赠、租用、交换等获取穷人的财产；在此敕令公布前三十年以任何方式转让给大地主的军事份地或将要被转让的军事份地都无偿归还原主。[1] 后来有的皇帝倒向了大地主那一边，取消了新律，到皇帝瓦西里二世

---

[1] 瓦西列夫：《拜占庭帝国史》，徐家玲译，商务印书馆，2019年，第536页。

（976—1025）时，恢复了打击大地主的政策，将起兵反抗他的大地主击败，于是到处摧毁大地主的庄园，没收他们的财产。996年颁布新律，重申922年的规定，剥夺大地主侵占的农民土地，并且实行税收上的联保制，即富人有义务替穷人交纳他们交不出的税金，这使得地主豪强和教会财产受到威胁，后来这一规定没有能完全实行。[1]

英国由于王权强大，也和封建主争夺小农，对其加以保护。所以英国中世纪时期的自由农民受到王廷的保护，他们的地产如被封建主或他人侵犯，可以向王廷上诉。他们可以自由迁徙，对自己的地产有比较完全的处分权，可以将其转让或出售。[2]

前述法国亨利四世实行的扶助小农的政策，也是一个例子。

总之，封建社会中皇室、地主、农民三方的博弈，造成了帝王时常要考虑农民的要求，他们时常要施行仁政，从地主那里争取农民，为国家培育财源和兵源，也使国家能够长治久安。当然，历史上有更多的统治阶级代表，如皇帝、国王、封建主，他们并不能懂得施行仁政的好处，而是尽量剥削压榨，置民于水火，使得民不聊生，不断激起农民的反抗斗争。口头上说要爱护农民，实际上并不爱护。甚至到了近现代，统治阶级也没有做到一切为了人民，也只是假惺惺地表态而已。所以，长治久安只是

---

[1] 瓦西列夫：《拜占庭帝国史》，徐家玲译，第539页；参看列夫臣柯：《拜占廷简史》，包溪译，生活·读书·新知三联书店，1959年，第六章第二节。

[2] 参看马克垚：《英国封建社会研究》，第198页；参看Под Ред., Барг, М. А., История Крестьянства в Европе, том II, стр. 550。

封建帝王的希望,实际上他们不断地被推翻,也不断地兴起,直到封建社会灭亡。

当然,不能否认,统治阶级实行的爱护小农政策,其中也有一项原因是受到农民战争的威胁,他们认识到必须对农民加以爱护,轻徭薄赋,与民休息。唐太宗的例子最为明显。另外,农民起义、农民战争,都打击了地主阶级,剥夺了他们的财产,瓜分了他们的土地,破坏了统治阶级的统治机器,带来了小农经济的繁荣,有利于生产的发展、社会的进步,也有利于人民生活的改善,这也是农民战争的历史功绩。

统治阶级能否实行轻徭薄赋的政策,不但取决于统治者的主观认识,也取决于他们面临的各种客观形势。如果当时国家财政困难,特别是对内、对外战争急需钱财时,那就会对农民加强剥削,不会让步的。宋代要对付辽、金、蒙古等政权的不断进攻,农业税已经不足以支持所需,由于商品经济发展,商品税超过了农业税,所以才能和这些政权周旋很久。明末时,为应对农民起义和后金两方面的进攻,虽然崇祯皇帝想励精图治,但是国家财政难以支持,只得不断加征加派。崇祯十五年,三饷(辽饷、剿饷、练饷)加派岁额2300万两,超过明朝每年正额收入的一倍半。[1]但仍然无以为继,终致灭亡。

还有人从比较上提出问题,认为中国历史上农民起义、农民战争最为频繁,势力最为强大,对封建社会统治阶级的打击应该

---

[1]《中国农民战争史论丛》第一辑,山西人民出版社,1979年,第397页。

也比较大，但是中国的资本主义发展却十分迟缓；欧洲农民战争比较少，却比较早地进入资本主义时代，这就证明农民战争对历史发展起了阻碍作用。[1] 其中比较明显的例子就是前面举出的刘昶提出的农民战争打断了封建化的进程，因而使中国不能前进的说法。资本主义萌芽问题，在中国已经讨论很久。改革开放以前，对中国历史上的资本主义萌芽研究很深入，不过在方法论上，基本就是根据马克思《资本论》的说法，探讨在商品经济发展的基础上，工业中有无雇佣劳动生产者的手工工场，农业中有无农业资本家的出现等。研究的结果，当然各人看法不同，不过可信的结论是，中国明清时期存在大量的雇工生产的工场手工业，但缺乏西欧那样的包买商制的商业控制产业的模式。农业中有无资本主义萌芽，就更没有明确的证明了。总之，中国社会有发展，我们反对东方停滞论，可是直到鸦片战争之前，中国仍然没有发展出资本主义，这是十分明显的事实。其中原因那就更是众说纷纭了。[2]

过去研究中国的资本主义萌芽问题，其隐含的指导理论就是后来我们认识到的东方专制主义，即认为东方文明有其特殊性，缺乏自己的发展力量，只有在西方的帮助、刺激下，才可以向前发展，才能发展到资本主义社会。现在，历史学已经出现了许多研究第三世界发展变化的新理论、新看法。如美国的加州学派中

---

[1] 臧知非：《生存与抗争的诠释：中国农民战争史研究》，河南大学出版社，2009年，第七、八章。
[2] 参看马克垚：《资本主义起源理论问题的检讨》，《历史研究》1994年第1期。

的彭慕兰就主张,中国直到18世纪,在生产力、商品经济、市场活动、消费水平等方面,都并不落后于欧洲,一样具备发展出资本主义的潜力。[1]李伯重也认为,中国在明清时期,江南地区也可以出现近代的工业化。[2]所以,现在已经用不着把农民战争和中国经济发展不到资本主义联系起来,研究其前因后果了。

二 农民战争的破坏问题

农民战争的直接后果,最明显的就是由于官军进剿、农民反抗,双方作战,造成人口死亡,生产、生活破坏,这应该如何分析,如何认识?

战争总是要造成人的损失,不只是农民战争,统治阶级内部的战争、异族侵略战争,可能屠杀的人民比农民战争要多很多。如果以人口的减少归咎于农民战争,纯粹是一种偏见。特别是农民战争的记载大都来自统治阶级,其中不乏夸大其危害的成分。

确实,农民军杀人抢劫的事应该说各国都有,欧洲农民起义事件中,也有这方面的记载。如德国农民战争中,士瓦本农民军用刺刑处死黑尔冯斯泰因伯爵和其他骑士,就是一例。德国其他地方的农民军在攻陷贵族的堡垒后,也杀死一些贵族骑士,同时

---

[1] 彭慕兰:《大分流:欧洲、中国及现代世界经济的发展》,史建云译,江苏人民出版社,2000年。
[2] 李伯重:《江南的早期工业化(1550—1850年)》,社会科学文献出版社,2000年。

抢劫他们的财物，而这些财物都是他们抢劫农民得来的。1381年的英国农民起义曾处死大主教、首相和财政大臣。

有俄国学者对普加乔夫起义的后果予以消极评价，说：1.它表明俄国地方政府不完善，分裂为许多省，中央的控制能力比较差。2.起义使得贵族和中央政府团结起来，他们看到了支持专制君主的好处。3.起义使女皇的开明思想以及准备减轻农奴制的立法受到威胁。在俄国取消农奴制就意味着玩火。下层群众起来用暴力手段解决自己面临的问题，实际上阻碍了俄国文明化的进程。当时的主要任务是要建立秩序，不允许混乱。4.起义带给俄国无法计算的物质损失，许多村庄被焚毁，贵族庄园被破坏，战死了许多青壮年。5.相互的仇恨延缓了俄国公民社会的形成，播种下怀疑和暴力的种子，不可能以德报怨。6.起义让下层看到，虽然是暂时的，但是他们依靠暴力实现了从压迫下解放和满足自己的需求，使他们自尊和自信；还说，普加乔夫起义阻碍了俄国的工业化，有20多个工厂被焚毁或破坏，许多工厂主和技师遭受重大损失，房舍被破坏，财产被抢劫，有2000多工人死亡或失踪。[1]这里面一些评判是从概念出发的，是从历史的长过程来证明农民战争的消极因素，就如我们前面指出的那样，不能成立。

中国的农民战争规模最大，官方记载也很多，有许多骇人听闻的农民军杀人抢劫的故事，以黄巢和张献忠二人最为有名。

---

[1] Сахаров, А. Н., История России, Том. I, стр. 483-484, 499.

黄巢占领长安后，一度军中乏食，乃至以树皮维生。新旧《唐书》就都说黄巢军食人肉，有巨碓数百，将人连皮带骨舂而食之。这根本是不可能的。吃人肉也应该煮熟，如何能舂成一堆骨肉来吃呢？一看就是造谣诬蔑。《明史》中记载李自成、张献忠的谣言也很多，说这二人嗜杀成性。李自成的军队"刨人腹为马槽以饲马，马见人，辄锯牙嗜噬若虎豹"。马根本就不可能变成虎豹之性，食草动物是不可能变成食肉动物的，怎么可能要吃人呢？再者以人腹为马槽，马吃的仍然是草料，并不会养成吃人肉的习惯。而且农民军的这种做法也毫无实际用处，这很明显就是统治阶级诬蔑农民的天方夜谭。张献忠杀人的故事更多，直到说"川中民尽"，即四川的人几乎被杀光了，所以清初向四川移民。

中国的农民起义，大抵初起时，抢劫杀人都是针对统治阶级、地主阶级的，所以往往背负杀人之名。如果有成功的希望，农民起义领袖想到的就是能当皇帝，这时就要爱惜子民，如黄巢攻陷长安，其部下大将尚让对百姓说，"黄王起兵，本为百姓，非如李氏不爱汝曹。汝曹但安居无恐"。后来有人在尚书省的门前贴了一首诗，说什么"扶犁黑手翻持笏，食肉朱唇却吃齑。唯有一般平不得，南山依旧与天齐"，咒骂农民军。尚让大怒，将会作诗的三千余儒生杀掉，其他识字者也强迫服贱役。

张献忠在四川建立大西政权后，对官僚、豪绅地主进行了镇压，也像李自成一样，追赃助饷，但对老百姓还是保护的。有当时记载说，大西政权的地方政府命令，不许擅自招兵，不许假借天兵名色扰害地方，不许文武官员擅娶本土妇女为妻妾等。[1]后来四川的明军和官僚、豪绅地主起来造反，杀害许多大西政权的官吏，而且滥杀无辜，张献忠大怒，于是也杀灭不少人。由于查获有生员通李自成的书信，张认为这是造他的反，决意消灭这些人。他假意开科取士，聚集各地乡绅、生员等于成都，将他们全部杀掉，共计2.2万多人，抛弃的笔墨堆积成丘塚。这就是滥杀无辜了。《蜀碧》一书中记载了许多张献忠在四川杀害地主、百姓、军士等的故事，大都不可信。如果完全是这样，那他的将士也早已经离心离德，如何还能作战呢？这一屠蜀事件争论不断，有完全为张辩护者，也有主张张确实滥杀无辜者。[2]鲁迅先生已经说过《蜀碧》的故事，把它和明成祖残害支持惠文帝的铁铉、黄子澄、齐泰等事相比较，可谓发人深省（见《病后杂谈之余》）。

其实，农民军起义是为了反对封建统治阶级，所以他们起义后，大都杀害封建主，而对一般老百姓不加干扰。大肆屠杀老百姓的倒是封建统治阶级的军队。如曾国藩对太平天国的军民都无区别地杀戮。在攻陷长沙、安庆、南京后都屠城杀戮以尽，不分男女老少，一律杀害。特别是对太平天国首都南京那里的男女老少，都被杀死。妇女被强奸，被卖作娼妓。全城被纵火焚烧，城垣庐舍为墟。近人邵健对太平天国时期江南人民被杀戮的现象做了研究，指出许多外国人如呤唎、卑治文等，都认为太平军纪律

---

1 袁良义：《明末农民战争》，第424页。
2 肖俊生：《首届张献忠全国学术讨论会综述》，《中华文化论坛》2011年第3期。

严明，滥杀现象不多，而杀人者多为投降过来的清军以及归附的地痞流氓等。太平军也存在杀戮现象，这是不可避免的。清军则大肆屠杀太平天国的军民，曾国藩下令"只求全城屠戮，不使一名漏网"，所以才使江南苏浙地区人口锐减，生灵涂炭，长期得不到恢复。[1] 这和他们的"扬州十日""嘉定三屠"的行为是有一致性的。

---

[1] 邵健：《太平天国时期江南战乱中的滥杀现象讨论》，《史林》2019年第5期。

跋

要把封建社会主要的农民起义和农民战争在一本书中做综合的考察,实在是一项不容易的任务。展视所述,似乎并没有提出什么新观点和新理论,所以以"导论"名之,就是说只是一个开始。

本书能够出版,首先要感谢上海师范大学的陈恒同志,将它列入他们的"光启文库",并惠予资助;其次要感谢商务印书馆上海分馆的鲍静静、陈雯同志,她们为本书的出版进行策划、联系;特别要感谢责编秦原的辛勤劳动,她对书稿进行了仔细的校核,包括字句、年代、人地名的翻译、注释,直至标点符号,使我能够改正一些错讹及不当之处。

本书将历史上的农民起义和农民战争分类排列,按题目叙述,有时进行比较,也算是一种尝试,定有不正确的地方,请大家指正。

北京大学历史系　马克垚
2024 年 4 月 12 日

光启通识书目

（按出版时间排序）

《封建社会农民战争问题导论》　　马克垚 著
《中华传统礼制》　　　　　　　　汤勤福 著
《世界地图的故事》　　　　　　　龚缨晏 著
《雅典民主政治》　　　　　　　　晏绍祥 著